시키는 것만
하는 아이들

시키는 것만 하는 아이들

초판 1쇄 인쇄 2014년 3월 10일
초판 1쇄 발행 2014년 3월 12일

지은이 박미진
펴낸이 김옥희
펴낸곳 아주좋은날
기획편집 이미숙, 박소연
디자인 안은정
마케팅 최현욱, 김혜경

출판등록 2004년 8월 5일 제16-3393호
주소 서울시 강남구 테헤란로 201, 501호
전화 (02) 557-2031
팩스 (02) 557-2032
홈페이지 www.appletreetales.com
블로그 http://blog.naver.com/appletales
페이스북 https://www.facebook.com/appletales
트위터 https://twitter.com/appletales1

ISBN 978-89-98482-19-0 13370

이 도서의 국립중앙도서관 출판시도서목록(CIP)은 서지정보유통지원시스템 홈페이지(http://seoji.nl.go.kr)와
국가자료공동목록시스템(http://www.nl.go.kr/kolisnet)에서 이용하실 수 있습니다.
(CIP제어번호 : CIP2014004804)

아주좋은날 은 애플트리태일즈의 경제 실용 전문 브랜드입니다.

시키는 것만 하는 아이들

박미진 지음

아주 좋은 날

그대의 아이는 그대의 아이가 아니다.

아이들이란 스스로를 그리워하는 큰 생명의 아들딸이니

그들은 그대를 거쳐서 왔을 뿐 그대로부터 온 것이 아니다.

또 그들이 그대와 함께 있을지라도 그대의 소유가 아닌 것을.

그대는 아이들에게 사랑을 줄 수는 있으나

그대의 생각까지 주려고 하지는 마라.

아이들에게는 아이들의 생각이 있으므로.

그대는 아이들에게 육신의 집은 줄 수 있으나

영혼의 집까지 주려고 하지 마라.

아이들의 영혼은 내일의 집에 살고 있으므로.

그대는 결코 찾아갈 수 없는, 꿈속에서조차 갈 수 없는 내일의 집에.

그대가 아이들과 같이 되려고 애쓰는 것은 좋으나,

아이들을 그대와 같이 만들려고 애쓰지는 마라.

큰 생명은 뒤로 물러가지 않으며, 결코 어제에 머무는 법이 없으므로.

• 칼릴 지브란의 《예언자》 중 '아이들에 대하여' •

부모가 시키는 대로 말 잘 듣는 아이,
과연 안심해도 될까?

'아이들에게 천국이란 살아있는 것, 엄마 아빠한테 사랑받고 친구들이랑 같이 노는 것이다.'

최근 한 드라마를 보다가 들은 말이다. 그런데 과연 지금 우리 아이들은 천국에서 살고 있을까? 물론 아이들은 살아있고, 자기 목숨보다 자식을 더 사랑하는 엄마 아빠가 옆에 있다. 과연 그 아이들은 "지금 이곳이 천국이에요"라고 말할까? 아이들은 엄마 아빠 말을 잘 들어야 사랑받고, 엄마 아빠가 시키는 대로 학원을 다녀야 사랑받고, 엄마 아빠가 목에 힘줄 수 있을 만큼 공부를 잘해야 사랑받을 수 있다고 생각하지는 않을까? 어쩌면 아이는 엄마 아빠에게 사랑받기 위해서는 영화 〈A.I〉의 로봇 소년 같은 삶을 살아야 한다고 생각할지 모른다.

스티븐 스필버그의 작품인 〈A.I〉는 인간을 사랑하게끔 프로그래밍된 로봇 소년 데이빗이 부모를 향한 외로운 사랑을 하는 이야기이다. 데이빗은 영화 속에서 "인간이 아니어서 죄송해요. 엄마가 원한다면 인간이 되도록 해볼게요"라고 말한다. 요즘 아이들은 어떻게 말할까? "엄마가 시키는 대로 하지 못해서 죄송해요. 엄마가 원한다면 말 잘 듣는 로봇 같은 인간이 되도록 해볼게요"라고 하지 않을까?

'불안 사회', '위험 사회', '피로 사회', '갈등 사회', '절벽 사회' 등등, 요즘 우리 사회를 관통하고 있는 키워드들을 보면 숨이 턱턱 막힌다. 사회 전체가 얼마나 불안하고 위험하고 피로한지 마음에 낭떠러지 하나가 자리잡고 있는 것 같다. 그런 숨막힘은 교육에서라고 다르지 않다.

요즘 부모세대는 앞도 뒤도 돌아보지 않고 오로지 자녀의 성적에만 올인한다. 자율성이나 자기존중감, 도덕성, 사회적 상호작용 등은 무시하고, 오직 아이의 성적표만 들여다보고 있다. 이런 부모들도 나름대로 할 말은 있다. 자신들이 지금 살고 있는 세상이 너무 불안하고 막막한데, 내 아이가 자라서 사회에 나올 때는 이런 불안감을 느끼게 하고 싶지 않다는 것이다. 안전한 인생을 물려주고 싶고, 돈이나 직업 때문에 받게 될 위험이나 피로감, 갈등상황을 최소화해주고 싶고, 절벽 끝에 매달리는 경험은 피하게 하고 싶다는 것이다. 이처럼 부모가 안팎으로 바쁜 이유는 아이들 인생에 안전장치를 만들어주기 위해서다.

실제로 우리 아이들이 살아가야 할 사회는 지금보다 더 불안하고 위험하고 갈등이 깊고 피로한 곳이 될 것이다. 안타깝지만, 안전한 곳은 어디에도 없다는 것을 인정해야만 한다. 바로 이것이 우리 아이들에게 안전한 피난처가 아니라 스스로 안전한 곳을 찾아갈 수 있는 힘을 길러주어야 하는 이유이다.

좋은 성적, 명문 대학 졸업장은 아이의 앞길을 비춰주는 전등이 될 수는 있다. 하지만 건전지의 수명이 다하면 그것도 쓸모가 없어진다. 아이에게 필요한 것은 전등 자체가 아니라 전등 역할을 할 무언가를 찾을 수 있는 힘과 스스로 길을 찾아갈 수 있는 방향감각 같은 생존능력이다.

실력은 최고지만 공부가 싫다는 아이들

학업실력은 최상위인데 흥미는 최하위인 나라, 부끄럽게도 우리나라가 그 주인공이다. 3년 단위로 발표되는 국제학업성취도 평가 비교연구의 2012년 보고서에 따르면 우리나라는 경제협력개발기구OECD 회원국 가운데 읽기, 수학, 과학 성적은 모두 최상위권이었다. 34개 회원국 가운데서는 수학 1위,

읽기 1∼2위, 과학 2∼4위를 차지했고, 비회원국을 포함한 전체 65개국 가운데서도 수학 3∼5위, 읽기 3∼5위, 과학 5∼8위로 최상위권에 들었다.

그런데 자기주도학습능력이나 학습에 대한 흥미는 평균을 한참 밑돌았다. 수학 영역만을 대상으로 한 '학습동기', '자아 신념' 등의 평가 결과는 OECD 평균을 밑돌았고, 수학에 대한 흥미나 즐거움을 측정하는 '내적 동기'는 2003년 조사 결과보다 더 떨어졌다. 주어진 문제를 성공적으로 수행할 수 있다는 '자아 효능감'이나 수학에 대한 정서적 스트레스인 '수학 불안감'은 지난 조사보다 약간 개선되기는 했지만 그래도 OECD 평균에는 한참 못 미쳤다. 성취도 결과는 최상위권이지만 공부가 재미도 없고 하고 싶지도 않다니, 아이러니가 아닐 수 없다. 하기 싫은 공부를 억지로 해서 높은 성적을 받고 있는 우리 아이들의 고통이 어떠할지, 억지로 공부하는 것이 아니라 좋아서 공부하도록 하는 방법은 정말 없는 것인지 심각한 고민이 필요한 시점인 것이다.

2012년 국제학업성취도 평가 비교연구가 언론에 소개된 다음날 스웨덴 일간지 〈스벤스카 더그블라뎃SvD〉에 '호랑이 엄마가 학구열을 부추긴다'는 한국교육 분석기사가 실렸다고 한 언론매체가 소개했다. 〈SvD〉는 "주입식 공부로 학생들이 미래를 꿈꿀 여유가 없다"고 비판하면서 밤 11시에 학교 야간자습이 끝난 후 다시 학원으로 향하는 우리나라 학생들의 고단한 일과를 소개했다. 아울러 학생들이 상당한 수준의 학업 스트레스와 따돌림에 시달리고 자살률까지 높다는 내용과 함께 속칭 '엄친아'라는 용어로 표현되는 엄마들의 거센 치맛바람에 대해서도 분석했다.

이 시대는 한 시간 전이 다르고 한 시간 후가 다르다고들 말한다. 세상은 이렇게 급박하게 변하고 있는데 정말로 변하지 않는 곳이 있다. 바로 교육현장이다. 오전반, 오후반으로 나눠 운영되면서도 교실이 꽉꽉 들어찼던 과거에 비하면, 지금은 학생 수도 줄고 교과서나 교과내용 같은 하드웨어도 달라지기는 했다. 그런데 그 속을 채우고 있는 소프트웨어는 그대로다. 아니 오히려 악화되었다고 봐야 한다.

입시제도가 생긴 이래 경쟁위주의 학교교육과 만연된 사교육의 해결책을 찾기 위해 전 사회가 고민해왔음에도 불구하고, 아직도 뾰족한 답을 찾지 못하는 이유는 무엇일까? 전문가들은 '노동시장의 변화에 대한 정보 부재'와 '미래사회에 대한 예측 부재'를 그 이유로 꼽는다.

2007년 국정브리핑이 기획한 〈실록 교육정책사〉에 따르면, 지식의 생명주기가 반감기로 접어들었다. 후기정보화 사회에서 지식의 생명주기는 4년이었지만 해마다 반으로 단축되고 있다는 것이다. 외우고 돌아서면 쓸모없는 지식이 되어버리는 시대에 암기식 교육은 분명 한계가 있다. 미래사회를 살아가야 할 내 아이에게 큰 도움이 되지 않는다는 뜻이다.

그럼에도 수많은 부모들이 성적에 연연해 허리띠를 졸라매며 과외를 시키고 학원에 보낸다. 명문 대학에만 보내놓으면 모든 문제가 해결되고 아이의 성공적인 미래가 보장된다는 믿음 때문이다.

자식을 학교에 보내고 있는 나 역시 성적이라는 올가미에서 완전히 자유롭다고는 할 수 없다. 하지만 성적보다 더 중요한 것이 무엇인지에 대한 고민의 끈을 놓치지 않으려고 노력한다.

한 가지 직업으로 평생을 살던 시대는 이미 지나갔다. 이 말은 곧 학교를 졸업한 후에도 자기계발을 위해 끊임없이 공부해야 한다는 이야기이다. 그래서 이 시대를 흔히 평생학습 사회라고 부른다. 경제협력개발기구에서는 21세기를 살아갈 핵심역량으로 자율성, 도구활용능력, 사회적 상호작용 역량을 꼽았다. 단순히 지식을 암기하는 수준이 아니라 스스로 공부할 이유와 목표를 찾고, 주변의 도구들을 활용해 배움의 폭을 넓히며 더불어 사는 인성을 갖출 때 더 잘 살 수 있다는 이야기이다.

핀란드는 2000년과 2003년 '학업성취도 국제비교PISA'에서 모두 1위를 차지한 나라이다. 몇 년 전에 피터 존슨 핀란드 교장협의회장이 방한했는데, 한 언론과의 인터뷰에서 "경쟁은 교육에 해롭다"라고 단언했다. 물론 경쟁이 주는 순기능도 있지만, 생각을 할 여유를 사라지게 만들어 사고의 깊이를 얕게 만들고 자율성을 해쳐 결과적으로 사고력과 창의성을 떨어뜨리는 해악을 끼친다는 것이다.

물론 핀란드와 우리나라는 사회환경이나 교육환경이 많이 다르다. 경쟁 교육을 무조건 기피할 수만은 없다. 그렇더라도 자녀의 미래를 생각하는 부모라면 성적 말고도 자녀교육에서 놓치고 있는 것은 없는지 늘 생각해야 한다.

성장을 멈춘 아이에게 성공은 없다

우리는 불확실성의 시대를 살고 있다. 때문에 공부를 잘한다고 해서 뚜렷한 희망이 보이는 것도 아니고, 명문 대학을 들어갔다고 해서 사회에 나간 후 뚜렷한 답이 있는 것도 아니다. 이 시대는 그런 것들로 미래가 보장되지 않는다. 그럼에도 불구하고 부모들은 자녀교육에 맹목적이다. "공부라도 해놔야지, 그것 말고는 대안이 없잖아요. 현실이 그런 걸 어쩌겠어요?"라는 말로 애써 합리화할 뿐이다.

그러다 보니 아이들은 격무에 찌들어 사는 직장인 못지않게 숨가쁘다. 직장인들은 8시간이라는 근로시간 기준이라도 있지만 아이들은 아침에 눈 뜨면서부터 잠자리에 들 때까지 오직 공부시간으로 꽉 차 있다. 놀 시간은 물론이고 뭔가를 깊이 생각할 시간조차 없다.

다섯 살짜리 손녀를 둔 할머니가 바빠서 통 손녀 얼굴을 볼 수 없다고 했다. "무료한 것보다는 바쁘신 게 좋지요" 했더니, 자신이 아니라 손녀가 바쁜 것이란다. 영어유치원 갔다 와서는 매일 피아노학원, 미술학원, 태권도학원을 가야 하고, 일주일에 한두 번씩 가는 학원들까지 있다 보니 같은 아파트 단지에 사는데도 좀처럼 손녀 얼굴을 볼 수 없다는 것이었다.

사정이 이렇다 보니 공부나 학원과 관련된 것이 아니면 다른 모든 것은 엄마들이 해결해주려 한다. 밥 먹기, 옷 입기, 어질러놓은 물건 정리하기, 숙제하기 등등 하나부터 열까지 갓난아이 키우듯이 한다. 그것에도 관성의 법칙이 작용하는지 자녀가 다 자란 후에도 죽 계속된다.

이렇게까지 자식에게 헌신하는 이유는 '아이의 성공을 위해서'인데, 현실은 그렇게 녹록하지가 않다. 어차피 100명의 아이가 있으면 1등부터 100등까지 있기 마련이고, 나만 이렇게 뒷바라지하는 게 아니니 내 아이보다 앞서가는 아이가 있기 마련이다. 그런데 그걸 따라잡아야 한다며 아이를 몰아세우며 달려가는 부모와 아이들의 모습을 보면, 마치 영원히 커다란 바위를 산꼭대기로 밀어올려야 하는 신화 속 시지프스를 보는 듯하다.

다시 질문을 던져본다.

"그래요. 다 좋다고 칩시다. 신화 속 시지프스와 달리 결국 아이가 커다란 바위를 밀어올려 산 정상에 세웠다고 합시다. 그러면 모든 문제가 해결될까요?"

이 질문에 대해 어느 부모도 자신 있게 "당연하죠!"라고 대답하지 못할 것이다.

공부 잘하는 것, 명문 대학에 들어가는 것이 나쁘다는 말이 아니다. 공부 잘해서 좋은 대학 가고, 좋은 직업을 가지고, 경제적으로 풍족한 삶을 살 수 있다는 보장만 있다면 부모가 그 밑거름이 되어주는 것도 나쁘지 않다. 하지만 인생이란 게 그렇게 호락호락하지 않다는 것이 문제다. 인생의 지진, 인생의 쓰나미가 언제 삶을 덮칠지 알 수 없다. 성장을 멈춘 아이는 한때 성공할 수는 있지만 인생의 지진과 쓰나미 앞에서는 무너질 수밖에 없다. 이것이 자녀교육의 초점을 '성공'보다 '성장'에 맞춰야 하는 이유이다.

삶의 자율성과 탄력성을 바탕으로 스스로 자신의 인생을 기획하고, 시련이 닥쳐도 극복해내고, 때로는 가슴 뛰는 일에 용감하게 뛰어들 줄 아는 한 사람의 독립된 주체로 성장시키는 것, 그리고 그런 삶이야말로 진정한 성공이라고 자녀에게 말해주는 것, 이것이 바로 우리 부모들이 해야 할 역할이다.

| CONTENTS

4장 부모의 생각이 바뀌면
아이도 바뀐다

- -

5장 아이의 자율성을 키우는
부모의 원칙

1장

"시키는 대로 해!"

VS.

"왜 시키는 것만 하니?"

무기력은 원인이 아니라 결과이다.
아이는 스스로 알아서 할 수 있는 일이
아무것도 없기 때문에 움직이지 않는 것이다.

아이는
왜 스스로
하지 않을까?

학교에 다니는 아이를 둔 엄마들이 가장 많이 하는 하소연 중의 하나가 바로 "언제쯤 내 아이는 스스로 공부할까요?"이다.

"옆집 아이들은 스스로 잘하는데, 왜 우리 애만 스스로 공부하지 않을까요? 대체 뭐가 문제일까요?"

"머리는 좋은 것 같은데, 도통 공부에 대한 의지가 없어요. 공부하라고 한 시간을 말씨름해서 방에 들이밀면 10분도 안 돼서 문을 열고 나와요."

공부가 엄마들의 최대 관심사이다 보니 '왜 스스로 공부하지 않을까?'를 고민으로 얘기하는 것일 뿐, 사실 생활 전반에서 자율성을 찾아보기 힘든 아이들이 너무나 많다.

자율성은 저절로 길러지지 않는다

자기결정성 이론의 창시자인 로체스터 대학교의 사회심리학과 에드워드 데시 교수는 "자율성에 대한 욕구는 인간의 타고난 본성이어서 자율성에 대한 욕구가 충족되지 않으면 마치 식욕이 충족되지 않을 때처럼 행복감이 낮아지고 다양한 부적응 결과가 나타난다"라고 말했다.

자율이란 단어를 사전에서 찾아보면 '남의 지배나 구속을 받지 않고 자기 스스로의 원칙에 따라 어떤 일을 하는 것, 또는 자기 스스로 자신을 통제하여 절제하는 일'이라고 나와있다. 쉽게 말하면 스스로 선택하고 스스로 행동하고 스스로 통제하는 힘이 바로 자율성인 셈이다. 그래서 자율적인 사람은 자신이 흥미를 느끼는 일에 열정을 바칠 뿐만 아니라 마땅히 해야 하는 일은 자신의 의지와 선택, 판단에 따라 행동하고, 마땅히 하지 말아야 할 일은 스스로 통제한다.

그런데 자율성이라고 하면 무엇이든 자기 하고 싶은 대로 하는 것이라고 오해하는 사람이 많다. 마땅히 하지 말아야 할 일을 스스로 통제할 힘이 없다면 그것은 자율이 아니라 방종이다.

보호장비를 갖추지 않고 인라인스케이트를 타는 아이들을 많이 본다. 그 이유를 물어보면 "답답하기도 하고 다른 아이들이 놀리기도 해요"라는 대답이 돌아온다. 그러다 보니 보호장비를 하게 하려는 부모와 하지 않으려는 아이 사이에 실랑이가 벌어지기 마련인데, 많은 경우 부모 쪽이 진다. 두세 번 타이르다가 '다른 아이들도 안 하던데 뭘'이라며 슬그머니 아이 뜻에 따라주기 때문이다.

이 과정에서 부모는 많은 것을 잃었다는 사실을 알아야 한다. 첫째는 잔소리만 늘어놓고 결과적으로는 원하는 것을 얻지 못했고, 둘째는 아이에게는 규칙이나 한계 따위와 상관없이 '내가 고집을 부리면 되는구나' 하는 경험칙을 알려준 셈이 되었다. 자율성에는 한계가 따른다는 사실을 알려주지도 못했고, 자율성을 누림으로써 마땅히 져야 할 책임, 즉 안전하게 인라인스케이트를 즐겨야 한다는 생각을 심어주지도 못한 것이다.

내 딸도 한창 인라인스케이트에 빠져 지낼 때가 있었다. 딸과 나는 처음부터 차가 다니는 곳에서는 절대로 인라인스케이트를 타서는 안 된다는 것, 반드시 보호장비를 갖춰야 한다는 것을 규칙으로 정했다. 그래서 인라인스케이트를 타고 싶을 때는 인라인스케이트 가방을 짊어지고 공원까지 걸어가서 그곳에서 인라인스케이트로 갈아 신고 보호장비를 착용한 후에 탔다. 하지만 다른 많은 아이들은 보호장비도 갖추지 않은 채 집에서부터 인라인스케이트를 신고 나와서 차도를 건너 공원으로 나왔다.

"위험해 보이는데, 보호장비를 해야 하지 않을까요?"

보호장비를 하지 않은 아이들의 부모에게 내가 조심스럽게 물어보면 대부분 이런 대답이 돌아왔다.

"그러게 말이에요. 그런데 아무리 말해도 말을 안 듣네요."

이것은 명백하게 방임이다. 그런데도 자신이 아이의 자율성을 존중하고 있다고 착각한다. 많은 부모들이 빠져 있는 오류이기도 하다.

반대로 아이를 억압하고 있으면서도 자신은 자율성의 한계를 정해주고 있다고 착각하는 부모도 있다. 가령, 아이는 인라인스케이트를 타러 나가고 싶은데, 부모는 학습지를 다 풀어놓고 나가라고 말했다고 치자. 이때의 학습지 분량이 다 풀고 나면 날이 어두워질 정도라면 이것은 자율성이 아니라 억압이라고 볼 수 있다. 부모는 학습지만 다 풀면 언제든 나가 놀아도 좋다고 했으니 자율성을 주었다고 말할지 모르지만, 그것은 순전히 부모의 착각이다. 아이 입장에서는 스스로 선택하지도 못했고, 스스로 행동하지도 못했으며, 스스로 통제하지도 못했으니 자율성을 부여받았다고 할 수 없기 때문이다.

"아직 세상 물정도 모르는 애에게 그런 게 가능한가요? 어른이 되면 스스로 선택하고 행동하고 통제도 하게 되겠죠"라고 말하는 사람이 있는데, 그렇지 않다. 자율성은 어른이 된다고 갑자기 저절로 생겨나는 것이 아니다. 본능적인 자율성은 어릴 때부터 자연스럽게 길러왔거나, 아니면 계속해서 억눌려왔던 자율성을 재생시키고 훈련할 수 있는 계기가 있지 않는 한 올바른 방향으로 키워갈 수 없다.

바다를 꿈꾸는 아이로 키워라

부모와 아이가 아무리 친밀하고 평등한 관계를 유지한다고 해도 자율과 통제 문제에서 오는 긴장관계는 생길 수밖에 없다. 부모도 만족하고 아이도 자유롭다고 느끼게 하려면 균형감각이 필요하다.

노련하게 균형감각을 유지하기 위해서는 무엇보다 '동기부여'에 대한 올바른 이해가 이루어져야 한다.

"동기부여요? 저도 해볼 만큼 해봤어요. 그런데 딱 그때뿐이에요. 선물도 걸어보고, 컴퓨터게임 시간을 걸어보고, 때로는 화도 내고 소리도 질러봤지만 그때뿐이더라고요."

이렇듯 그 어느 것도 소용없다고 하소연하는 부모들이 많다. 동기부여의 뜻을 사전에서 찾아보면 '〈교육〉 학습자의 학습 의욕을 불러일으키는 일. 〈심리〉 자극을 주어 생활체로 하여금 행동을 하게 만드는 일. 굶주림과 같은 생활체 내부의 동인과 음식과 같은 외부의 유발인에 의하여 이루어진다' 라고 설명되어 있다. 그래서 흔히 동기부여라고 하면 외부에서 내부로 들어가는 자극만 생각하기 쉽다.

하지만 외부에서 주입된 동기부여는 수명이 길지 않다. 우리 속담에 '하던 일도 멍석 깔아 주면 안 한다'는 말이 있다. 공부하려고 책상에 앉으려다가도 엄마가 공부하라고 하면 하기 싫어지고, 방청소를 해야겠다고 생각하다가도 엄마가 청소하라고 하면 들고 있던 빗자루도 놓아버리고 싶어지는 게 사람 심리이다. 비단 아이들만 그런 게 아니다. 그러고 보면 사람은 누구나 조금씩 청개구리 심리를 가지고 있다고 볼 수 있다. 다만, 사회성이나 정체성 확립이 되지 않은 아이들에게 청개구리 심리가 더 잘 발동될 뿐이다.

어린아이들을 보고 있으면 이미 학습에 대한 내면의 동기부여가 되어 있는 상태라는 생각이 든다. 보상이 주어지는 것도 아니고 누가 시키는 것도 아닌데 아이들은 잠시 잠깐도 가만히 있지 못한다. 넘치는 호기심으로 끊임없이 도전하고, 스스로 그 도전을 통해 새로운 깨달음을 얻고 즐긴다. 그랬던 아이들이 어느 순간부터 서서히 변하기 시작한다. 그 시기는 대체로 학습이 시작되는 나이와 일치하는 경향을 보인다. 왜 배워야 하는지 이유도 모른 채 어려운 글자를 깨우쳐야 하고, 왜 읽어야 하는지도 모른 채 끊임없이 책을 읽으라고 강요받고, 왜 가야 하는지 모른 채 유치원으로 내몰리면서 내면의 동기가 서서히 사라져가는 것이다.

《논어》에서 공자는 '아는 것은 좋아하는 것만 못하고, 좋아하는 것은 즐기는 것만 못하다'라고 했다. 아는 것은 타율적인 동기부여를 통해서도 가능하지만, 좋아하고 즐기는 것은 자율적인 동기부여가 되지 않고는 불가능한 일이다.

비보이를 꿈꾸다가 최연소 공인회계사가 된 서준혁 씨가 텔레비전에 나와 자신의 인생 이야기를 들려준 적이 있다. 그는 한때 전업 비보이가 될 생각으로 고등학교를 그만두려고 맘먹었는데, 전업으로 비보이를 하고 있던 친한 형이 극구 만류했다. 취미로 하고 있는 지금이야 춤이 정말 좋겠지만, 전업 비보이가 되면 춤을 추는 것이 행복하지 않을 수도 있다는 것이었다. 그러니 일단은 고등학교를 졸업하고 그때도 평생을 비보이로 살겠다는 판단이 서면 전업 비보이의 길을 가라고 조언을 했다. 중학교 때부터 고등학교 2학년 때까지 비보이의 꿈을 꾸며 춤만 췄던 서준혁 씨는 그때부터 자신의 미래를 그려보면서 어느 순간 공부로 마음을 바꾸었고, 대학 2학년 때 공인회계사 시험에 합격까지 한 것이다. 제대로 발휘된다면 내면의 동기부여는 이처럼 무서운 힘을 발휘한다.

생텍쥐페리는 배를 만들고 싶다면 사람들에게 목재를 가져오게 하거나 일감을 나눠주지 말고 저 넓고 끝없는 바다를 꿈꾸게 하라고 했다. 부모가 아이에게 해주어야 할 일도 그와 같다. 배를 만들라고 자극을 줄 것이 아니라 스스로 배를 만들어야겠다는 내면의 동기가 생길 수 있도록 바다를 꿈꾸게 해야 하는 것이다.

천재성도 즐거워야 나온다

'내 아이가 이렇게만 자란다면 더 이상 바랄 것이 없겠다' 싶은 부모들의 롤모델 가운데 한 사람이 빌 게이츠라고 한다. 세계에서 1, 2위를 다투는 부자인데다 기부금을 내는 순위에서도 단연 세계 최고이다. 게다가 머리도 좋아서 우리나라 부모들이 열광하는 하버드 대학교 법학과 출신이다. 결국엔 중퇴했지만 말이다. 원래 유복한 가정에서 태어나기는 했지만 지금 그가 가진 명성과 부는 스스로 일궈낸 것이다.

그런데 한번 생각해보자. 만약 내 아이가 하버드 대학교 법학과에 다니고 있다면, 아니 미국까지 갈 것도 없다. 만약 우리나라 최고의 명문 대학의 법대나 의대에 다니던 아이가 어느 날 갑자기 학교를 그만두겠다고 한다면 당신은 어떻게 하겠는가? 빌 게이츠가 하버드 대학교를 그만둔다고 했을 때 그의 부모는 어떤 반응을 보였을까? 그들은 아들을 믿고 자신의 의지대로 인생을 살아가길 바란다고 말했다. 그런 측면에서 빌 게이츠는 행운아였다.

빌 게이츠가 하버드 대학교를 그만둔 이유는 퍼스널 컴퓨터시대가 올 것을 간파한 이유도 있지만 그보다는 컴퓨터를 하는 게 너무 즐거웠기 때문이다. 그런데 시대를 읽는 눈과 컴퓨터에 대한 뛰어난 재능이 있었다고 하더라도 스스로 무언가를 결정하고 선택하고 책임지는 자율성이 없었다면 지금의 빌 게이츠는 세상에 나오지 못했을지 모른다. 혹은 그가 부모가 하라는 대로만 고분고분 따르는 마마보이였다면, 자식의 의지보다 부모의 의지가 중요하고 어린 자식보다 어른인 부모가 앞날을 더 잘 내다본다고 확신하는 부모를 만났다면 그의 천재성은 꽃을 피우기는커녕 싹도 틔우지 못했을 것이다.

우리 사회는 제2의 빌 게이츠가 나올 수 없는 사회라고들 말한다. 그 이유를 꼽을 때 빠지지 않는 것이 자녀교육에 임하는 우리나라 부모들의 태도이다. 우연히 마트에 개설되어 있는 문화센터 강의실을 들여다본 적이 있다. 이제 막 기기 시작한 아기와 엄마가 한 조가 되어 마사지 놀이를 하고 있었다. 그중에 한 엄마와 아기가 유독 눈에 띄었다. 아기는 엄마가 눕혀 놓으면 뒤집어서 기고, 잡아다가 놓으면 다시 뒤집어서 기었다. 강사는 손에 크림을 듬뿍 발라 아기의 다리를 쭉쭉쭉 마사지해주라는데 아기는 자꾸만 뒤집어서 기었다. 엄마는 마사지는 고사하고 애 잡으러 다니는 데 시간을 보내는 중이었다. 그 시간이 꽤 길어지면서 엄마의 손길이 다소 거칠어졌다. 그리고 어느 순간부터 아기를 눕혀서는 허벅지 사이에 딱 끼우고 반강제로 마사지를 하기 시작했다. 엄마 허벅지 사이에 갇혀서 옴짝달싹 못 하는 상황에서도 아기는 몸을 비틀고 얼굴을 돌리며 가만히 있지 못했다.

아마도 그 엄마는 아기의 오감발달에 마사지가 좋다는 말을 듣고 문화센터를 찾았을 것이다. 그런데 아기는 지금 마사지를 받는 것보다 기어 다니며 주변을 탐색해보고 싶은 호기심에 달떠있는 상태이다. 이 같은 상황에 처한다면 여러 가지 생각들로 머릿속이 복잡해질 것이다.

'다른 아이들은 다 얌전한데, 애만 왜 이런 거야?'

'오감발달에 좋다는데, 계속 이러면 다른 애들보다 오감발달이 늦어지고 말 거야.'

'공부 잘하는 애들을 보면 얌전하고 엄마 말도 잘 듣던데, 애는 왜 잠시도 가만있지 못할까? 나중에 공부를 못하면 어떡하지?'

갓난쟁이를 두고 이렇게까지 상상의 나래를 펴가는 것도 안타깝지만, 아이가 커가는 내내 그런 생각들에 시달리면서 조바심을 낼 것이 더 걱정이다. 교감이 먼저인 마사지를 하면서도 아이의 마음보다 주위 눈치를 살폈듯이, 아이가 커가는 내내 다른 아이들에게 뒤처지지 않나를 살피고 염려할 게 틀림없기 때문이다.

자녀와 부모 사이에 벌어지는 실랑이는 주로 아이는 자신이 좋아하고 즐거운 일을 하고 싶은데 부모가 다른 것을 해야 한다고 강요할 때 생긴다. 그런데 지나놓고 보면 그 일들이 별 의미가 없는 것일 때가 많다. 한 엄마는 산업디자인을 전공한 아들이 유학을 가고 난 후에 방 정리를 하고 나서 이렇게 말했다.

"아들 짐을 정리하다가 창고 속에서 바이올린을 두 개나 발견했어요. 그걸 보면서 아이가 어릴 때 쓸데없는 짓을 참 많이 했구나 생각했어요. 아이가 그때 바이올린 배우는 걸 싫어했는데, 제가 우겨서 시켰거든요. 진즉에 저 좋다는 그림이나 시킬 걸……. 그때 저는 바이올린 켜는 남자아이가 그렇게 멋있어 보이더라고요."

어른도 마찬가지지만, 아이들은 자신이 좋아하고 즐거운 것을 배울 때 더 쉽고 빠르게 익힌다. 그런데 뭔가를 배울 때 쉽고 빠르게 배우는 것보다 더 중요한 것이 있다. 바로 즐거움 속에서 스스로 배우고 익히는 법을 깨우치는 것이다. 어린 시절에 배워야 할 것 중에 이보다 더 중요한 것은 없다.

자율성
그 본능을
위하여

아이를 낳아서 키우다 보면 태어나서 첫돌 때까지는 그야말로 순간순간이 기적이고, 감동이다. 스스로 목을 가누고, 뒤집고, '엄마'라고 처음 불러주고, 나를 향해 방긋방긋 웃고, 첫 걸음마를 떼는 모든 순간들이 감동의 순간이다. 또한, 발달단계에 맞춰 어느 것 하나 빠트리지 않고 스스로 성장의 단계를 하나하나 밟아나가는 모습은 가히 기적이라 할 만하다.

2,000번을 넘어지면서도 걷기를 포기하지 않고, 목이 아프도록 옹알이를 하다가 어느 순간 말문을 터트리는 데 감동하지 않을 부모는 없다. 그러다

보니 이런 순간들은 단연 육아일기 기록 1순위이고, 부모 가슴에 평생의 추억으로 자리잡는다.

"싫어"는 성장의 상징

그런데 혹시 처음으로 아이가 "싫어"라고 말했던 순간을 기억하는가? "내가 할 거야"라고 처음 고집을 부렸을 때는 어떠한가? 이런 첫 기억을 떠올릴 수 있는 부모는 많지 않다. 하지만 따지고 보면 아이의 성장단계에서 봤을 때 '싫어'라는 의사표현을 시작하고 '내가 할 거야'라고 의지를 나타내는 순간 역시 여느 단계 못지않게 감동적인 순간이다. 아이가 자신의 의지를 처음으로 인식하게 된 순간이고, 아이의 인성이 어제와 확연히 달라졌음을 알려주는 첫 표시이며, 아이가 정신적으로 아주 건강하게 자라고 있다는 상징이기 때문이다.

정신분석학자 에릭 에릭슨은 태어나면서부터 노년기에 이르기까지의 인성발달 단계를 8단계로 나누었는데, 자기 자신을 인식하고 의지를 표현하는 '자율성'과 '주도성'의 발달이 이루어지는 단계가 성장에서 가장 중요하다고 보았다. 자율성은 주위 사람, 특히 엄마의 적절한 격려와 분별력 있는 지지를 받을 때 발달하고, 주도성은 주변 세계를 탐색할 수 있는 기회와 자유, 창의적인 계획과 실천 등을 통해 성장하는데, 이것들이 가로막히게 되면 자율성과 주도성 대신에 자기의심과 수치심, 죄책감 등이 형성된다.

정신은 육체의 성장과정과 달라서 제대로 성장발달하려면 주위 사람들, 특히 부모와의 끊임없는 상호작용이 필요하다. 그런데 많은 부모들이 아이의 이러한 정신적 성장을 잘 몰라서 제대로 대처하지 못하고 지나가는 일이 많다.

오히려 '미운 세 살'이라느니, '뒷감당 안 되는 다섯 살'이라며 아이의 자율성과 주도성이 싹트기 시작하면 못마땅해한다. 그래서 아이의 "싫어"라는 말을 부모에 대한 반항으로 받아들이고, "내가 할 거야"라고 하면 "엄마가 해줄게"라는 말로 제지한다. 다독이고 타일러서 말을 듣지 않으면 '지금 고집을 꺾어놓지 않으면 안 된다'라고 생각해 혼을 내는 부모도 있다.

아이가 창의적인 장난을 시작할 때도 비슷한 상황이 벌어진다.

"얘가 왜 안 하던 짓을 해?"

"안 돼. 그건 장난감이 아니야!"

이런 말들은 아이의 자율성과 주도성의 싹을 잘라내는 것이다.

부모는 태생적으로 아이에게 이중적인 면을 가지고 있는 존재가 아닐까 싶다. 자녀가 자율적인 인간으로 자라기를 바라면서, 동시에 자녀를 통제하기 때문이다. 이 두 개의 욕구를 적절히 잘 관리하는 부모만이 아이의 자율성을 제대로 키워내고, 자율성을 삶의 든든한 버팀목으로 만들어줄 수 있다.

그 많던 호기심은 다 어디로 갔을까?

유아기의 아이들을 보면 '백만 스물하나 백만 스물둘' 하며 팔굽혀펴기를 하던 건전지 광고가 떠오른다. 아이들은 에너지가 바닥나는 마지막 순간까지 지칠 줄 모르고 움직인다. 그러다가 에너지가 바닥나는 순간에 시간과 장소를 가리지 않고 꾸벅꾸벅 존다. 장난감을 손에 든 채 졸고, 놀이터 모래사장에 코를 박고 졸고, 흔들흔들 그네에 앉아서도 존다.

유아기 아이들의 왕성한 에너지의 원천은 바로 호기심이다. 아이들에게 세상은 미개척 탐험지이고, 그 안에서 아이들은 누구보다 용감한 모험가가 된다. 한 번도 경험하지 못했던 새로운 세상을 완벽하게 이해하겠다는 의지와 열정으로 가득 찬 아이들은 스스로 계획을 세우고 실행에 옮긴다. 손에 잡히는 것은 뭐든 맛보고 깨물어보고 두드려보면서 정체를 파악하고, 오늘 열어본 서랍을 그 다음날 다시 열어보며 새로운 것이 없는지를 탐색한다. 잠깐의 외출에도 호기심을 주체하지 못해 달려 나가고, 길바닥에 떨어진 작은 돌멩이도 마음에 들면 집에 들고 와야 하며, 개미들이 줄지어 들어가는 개미구멍 앞에서 떠날 줄을 모른다.

아이들은 누가 부추기는 것도 아니고 강제로 시키는 것이 아닌데도 학습에 열성적으로 빠져든다. 모든 인간은 그렇게 세상에 태어나는 순간부터 생존과 성장을 위한 학습을 시작한다. 아기 새가 날기 위해 날갯짓을 배우고, 아기 사자가 사냥법을 배우기 위해 놀이로 훈련하는 것처럼 인간 역시 본능적으로 생존법을 배우는 것이다.

오랫동안 유치원을 운영하고 있는 한 원장님이 이런 말을 했다.

"요즘 애들은 똑똑한 건 분명한데, 호기심이 예전 아이들에 비해 많이 떨어져요."

학원을 운영하고 있는 후배도 비슷한 말을 했다.

"요즘 애들은 뭔가를 해야 되겠다는 의지가 없어요. 학원에 오는데 왜 오는지도 모르는 것 같고, 공부를 하긴 하는데 무슨 공부를 어떻게 할까 하는 생각이 없어요. 그러니 아이는 아이대로 힘들고, 부모는 부모대로 헛돈을 쓰는 경우가 많아요."

호기심 덩어리였던 아이들이 배우고자 하는 의지를 잃어버리는 이유는 무엇일까? 그 이유는 아이들이 보이는 호기심이 부모들 눈에는 하등 쓸데없고, 때로는 위험한 것으로 보이는 데 있다.

뱃속에 있을 때부터 사교육이 시작되는 이 시대에는 놀이도 교육을 위한 수단으로 접근한다. 부모들은 '창의성 발달', '인성 발달', '사회성 발달' 등의 기치를 내건 놀이학원에 보내면서 아이의 두뇌를 자신이 원하는 최상의 상태로 디자인하려고 한다. 그러면서 정작 놀이터에서 보이는 아이의 창의성, 친구들과 어울리며 자라는 아이의 사회성, 가정에서 이루어지는 아이의 인성 발달에 대해서는 "안 돼!"라는 한마디로 막아버린다. 그 이유란 것들이 흔히 '위험하다', '놀이터에 가서 놀 시간이 없다', '아이는 엄마가 시키는 대로 하면 된다', '다 저 잘되라고 하는 것이다' 등이다.

내가 어릴 때 즐겨했던 놀이 중에 '오징어놀이'라는 게 있었다. 운동장 바닥에 커다란 오징어 모양의 그림을 그려놓고 팀을 나눠 공격과 수비를 번갈

아 하는 놀이였다. 규칙은 매번 비슷했지만, 때에 따라 새로운 규칙을 만들기도 하고 몸이 약한 아이가 있거나 짝이 맞지 않으면 깍두기라고 해서 이편 저편에서 동시에 뛸 수 있도록 배려도 해주었다. 우리는 그 속에서 자기 역할을 스스로 터득했고, 규칙에 대해 배웠으며, 연약한 아이가 있으면 도와주고 배려하면서 우정을 쌓았다. 오징어놀이가 조금 과격해서 가끔 무릎이 깨지거나 옷이 찢어지는 일도 있었는데, 그런 이유로 "너 앞으로 오징어놀이 절대 하지 마!"라고 말하는 엄마는 없었다. "좀 조심해서 놀지" 한마디가 전부였다.

상벌의 효과는 그때뿐!

'어떻게 하면 사람을 움직이게 할 수 있을까?'는 심리학의 오랜 연구주제였다. 그래서 등장한 이론이 행동주의 이론인데, 그 핵심내용은 자극이 있으면 반응이 있다는 것이다. 행동주의 철학자 배리 슈워츠는 "인간은 기본적으로 수동적인 존재이며 보상이나 처벌이 있을 때만 반응을 보인다"라고 했다. 공연장에서 먹이를 얻어먹기 위해 재주를 부리는 돌고래의 삶은 행동주의 이론의 대표적인 예라 할 수 있다.

행동주의 이론은 심리학자들은 물론이고 교육계에서도 폭넓은 호응을 얻었고, 지금도 학교 현장과 가정교육에서 많이 활용되고 있다. 성적에 따라 등급을 매기고 상을 주는 교육 시스템, 착한 행동을 하면 상점을 주고 나쁜 행동을 하면 벌점을 주는 상벌제도, 시험점수를 몇 점 이상 받으면 선물을 사주겠다고 약속하는 부모, '너 그렇게 행동하다 혼난다'와 같은 부모들의 협박 등은 모두 행동주의 이론에서 나온 것들이다. 그런데 잘하면 상을 주고 못하면 벌을 주는 이 단순한 이론이 정말로 인간 행동을 만들어내는 원동력일까?

딸이 초등학교 저학년이었을 때의 일이다. 학교에서 한 줄 독서기록장을 나눠주며 일정 권수 이상 읽고 한 줄을 기록하면 상을 준다고 했다. 아이는 상을 받기 위해 열심히 한 줄 독서기록장을 썼다. 그런데 한 권이라도 더 많은 책을 기록하기 위해 아주 짧은 내용의 책만 골라 읽었다. 유치원 때 읽었던 책을 꺼내 읽고, 도서관에 가서도 페이지가 적고 글자가 큰 책만 빌려왔다. 제 나이에 맞춰 글밥이 좀 있는 책으로 넘어가야 할 시점이었는데도, 유치원생들이 읽을 만한 책만 계속 읽어대는 것이었다. 이건 아니다 싶어 "학교에서 상을 못 받으면 엄마가 줄게"라고 말해봤지만 소용없었다. "다른 애들은 벌써 다섯 장이나 채웠단 말이야. 그 애들도 다 나처럼 한다고. 엄마가 주는 상은 필요 없어. 학교에서 주는 상을 받을 거야!"라며 고집을 꺾지 않았다.

딸은 결국 반에서 두 번째로 책을 많이 읽은 아이로 뽑혀 상을 받았는데, 도대체 그게 무슨 의미가 있는지 모르겠다. 학교에서는 아이들의 독서습관을 기르려는 의도를 가지고 한 줄 독서기록장을 시행했을 것이다. 그런데 책 읽는 즐거움이나 독서습관을 키우려는 의도는 온데간데없고, 보상이 끝난 이후 아이는 책에 손을 대지 않았다. 아이 입장에서는 책을 읽어야 할 이유가 사라졌던 것이다.

　부모라면 내 아이가 상을 받기 위해 책을 읽는 아이가 아니라 책 속에서 즐거움을 발견하고 호기심과 재미를 느끼면서 책을 읽는 아이로 자라기를 바랄 것이다. 그러다가 조금 어렵고 지루하고 딱딱한 책도 견디면서 읽을 줄 알고, 그 속에서 배움의 즐거움을 깨달아가기를 기대할 것이다. 그러려면 자극과 보상이 아닌 다른 방법으로 아이를 움직이게 해야 한다. 그 구체적인 방법은 뒤에서 자세히 알아보겠다.

통제하는 만큼
아이는
무기력해진다

우리말에 천둥벌거숭이라는 말이 있다. 두려운 줄 모르고 철없이 함부로 덤벙거리거나 날뛰는 사람을 비유적으로 표현하는 말인데, 이 말의 유래가 재미있다. 벌거숭이는 원래 고추잠자리를 뜻하는데, 천둥이 치는 날에도 거센 비가 몰려올 것을 모르고 철없이 날아다니는 고추잠자리를 빗댄 말이다.

아이들을 키우다 보면 세상에 이런 천둥벌거숭이들이 없다는 말이 나올 때가 많다. 얌전히 받아먹으면 좋은데 굳이 제 손으로 숟가락질을 하겠다며 옷을 더럽히고, 웬일로 조용한가 싶으면 구석에서 말썽을 저지르고 있다.

밖에 데리고 나가면 차가 오든 말든 길 한가운데로 뛰어들어 기함할 때가
한두 번이 아니다.

통제는 달콤한 독약

그러다 보니 엄마는 따라다니면서 잔소리를 하게 되고, 우려했던 일이 벌
어지면 비난을 하게 된다.

"엄마가 먹여준다고 했잖아. 거 봐, 옷을 다 버렸잖아."

"그러다 엄마 잃어버리면 어쩌려고 그래? 보육원에서 엄마 얼굴도 못 보
고 살고 싶어?"

"차가 오는지 안 오는지도 보지 않고 뛰어들면 어떻게 해? 그러다 사고
나면 어쩔 거야?"

"엄마가 또 청소해야 하잖아. 너 때문에 정말 못살겠다."

이럴 때 가장 손쉬운 해결책으로 꺼내드는 것이 통제이다. '이렇게 하면
맛있는 과자 사줄게. 저거 제대로 하면 오늘 게임 한 시간 하게 해줄게'와
같은 보상, 혹은 '그러면 혼난다. 또 그러면 벌설 줄 알아'와 같은 처벌, '움
직이지 마, 어지르지 마, 이거해, 저거해'와 같은 지시가 바로 통제이다. 그
외에도 "지금 이 공부를 해야 의대에 갈 수 있어. 명문 대학에 들어가려면
지금부터 공부해야 돼"와 같은 목표 강요, "11시까지 꼼짝 말고 공부해!"와
같은 마감기한 설정, 아이가 공부하는지 안 하는지를 끊임없이 확인하는 감

시도 모두 통제에 해당된다.

부모들은 통제를 통해 원하는 결과를 얻을 수 있을 것 같지만, 사실은 그렇지 않다. 엄격한 규칙을 도입하면 그 규칙을 넘어보고 싶은 것이 아이들이다. 또한, 앞서도 말했듯이 사람은 금지할수록 더 하고 싶은 욕구가 있다. 더군다나 아이들은 인생에서 가장 호기심이 왕성한 시기를 살고 있다.

부모들은 보상과 처벌로 책임감을 키워주고 싶어하는데 아이들은 타고난 생존본능과 방어본능으로 영리하게 대처할 때가 많다. 엄마 눈앞에서만 잘해서 보상을 받고, 잠깐의 눈속임으로 처벌을 면하는 것이다.

그나마 어릴 때는 통제를 통한 교육이 통한다. 그러다 보니 부모들에게는 통제만큼 달콤한 양육방식도 없다. 하지만 조금 더 성장해서 아이가 학교에 다니기 시작하면 문제는 크게 달라진다. 엄마 눈을 피할 수 있는 시간과 공간이 아이들에게 주어지기 때문이다.

자기 자식을 제일 모르는 사람이 엄마라는 말이 있다. 엄마가 아는 모습과 바깥에서의 모습이 다르다는 말인데, 학부모 상담에서 그런 엄마들을 간혹 만날 수 있다. 선생님이 아이의 문제점에 대해 이야기하면 "우리 아이는 절대 그런 애가 아니에요. 선생님이 아직 아이를 모르시는 것 같아요"라며 펄쩍 뛰고, 심지어는 "선생님이 너무 예민해서 착한 우리 아이가 상처받을까 겁나요"라며 뒤에서 험담하는 부모도 있다. 사실은 아이를 제대로 이해하지 못한 채 통제라는 달콤한 유혹에 빠진 부모 자신 때문에 아이가 상처받고 있는데도 말이다.

'성장 멈추기'로 저항하는 아이들

프로이트가 처음 사용하고, 그의 딸 안나 프로이트가 공식화한 '무의식적 방어기제'라는 정신분석학 용어가 있다. 사람은 누구나 자아가 위협을 받으면 무의식적으로 자신을 속이거나 상황을 다르게 해석해서 감정적인 상처로부터 자신을 보호하게 되는데, 이것을 '무의식적 방어기제'라 한다. 더 이상 무너지지 않기 위해, 아픔을 외면하기 위해 고통에 대처하는 나름의 방식을 갖게 되는 것이라 할 수 있다.

무의식적 방어기제는 크게 성숙한 방어기제와 미성숙한 방어기제로 나뉜다. 성숙한 방어기제에는 이타주의, 유머, 억제나 금욕, 승화 등이 있다. 이타주의는 자기가 받고 싶은 것을 다른 사람에게 베풂으로써 즐거움을 얻는 것으로, 용돈을 쪼개어 구호기금을 낸다거나 왕따를 당하고 있는 친구에게 손을 내미는 행동을 예로 들을 수 있다. 유머는 불쾌하고 불편한 감정을 농담으로 웃어넘길 수 있는 여유이고, 승화는 고통이나 욕구를 예술이나 사회적 미덕으로 발휘하는 것을 가리킨다. 그리고 성숙한 방어기제에서 말하는 금욕과 억제는 억압과 다르다. 프로이트는 억압으로 욕구를 무의식 아래에 눌러두는 대신 억제를 통해 실행을 뒤로 미루는 것이 성숙의 증거라고 보았다. 예를 들면, 마트에서 장난감을 두 개 사고 싶지만 엄마가 하나만 살 수 있다고 할 때 "그럼, 이건 나중에 내 생일선물로 사 줘"라며 당장은 하나를 포기할 줄 아는 것은 억제이자 금욕이다. 이러한 성숙한 방어기제는 정신적 건강과 창의성, 이타심, 유머, 양심 등을 지킬 수 있는 방패가 된다.

반대로, 미성숙한 방어기제는 자신과 주변을 파괴하는 무서운 무기가 될 수 있다. 미성숙한 방어기제에는 수동공격성, 부정, 투사, 행동화, 건강 염려증, 퇴행, 신체화 등이 있다. 수동공격성은 겉으로는 복종하는 것 같아도 실패나 미루기 등을 통해 공격성을 드러내는 것이고, 부정은 고통을 잊기 위해 처음부터 그런 사건이 없었다고 여기는 것이다. 투사는 어떤 일의 원인을 다른 사람 탓으로 여기는 것이고, 행동화는 화가 난다고 주먹으로 벽을 치거나 상대방을 때리는 것이다. 퇴행은 과거의 발달단계 수준으로 되돌아가는 것이고, 신체화는 이유 없이 몸이 아픈 것이다.

물론 인간은 미성숙한 방어기제에서 성숙한 방어기제로 나아간다. 어릴 때는 미성숙한 방어기제를 사용하는 것이 정상적이지만, 성숙해가면서 그것들이 사라져야 한다는 말이다. 그렇다고 시간이 흐르면 저절로 성숙한 방어기제로 나아가는 것은 아니다. 키가 자라려면 영양섭취를 골고루 해야 하듯이 미성숙한 방어기제에서 성숙한 방어기제로 나아가기 위해서도 사랑이나 믿음 등의 영양분이 필요하다. 가령, 부모가 자녀의 정상적인 의사 표시를 벌주거나 차단하면서 통제를 계속하게 되면 아이들은 성숙의 방향을 잃어버리게 된다. 그리고 미성숙한 방어기제에서 성장을 멈춰버림으로써 부모에게 저항을 한다.

순종적인 아이도 반항하는 아이만큼 위험하다

자율성을 키울 기회를 가지지 못하고 부모의 통제에 익숙해진 아이들은 결국 저항하거나 순종하는 방식으로 자신을 방어할 수밖에 없다. 대개의 부모들은 아이가 저항할 때 더 많은 걱정을 한다. 사춘기도 두려워하는 부모들인데 일찌감치 저항하는 모습을 보이는 아이를 걱정하지 않을 수는 없다. 그런데 부모나 주변 사람들에게 '착하다'는 말을 많이 듣는 순종적인 아이도 반항하는 아이만큼 위험하다. 간혹 더 위험한 경우도 있다. 많은 심리학자들이 너무 순종적인 아이일수록 다시 한 번 살펴보라고 말하는 것도 그런 이유에서다. 미성숙한 방어기제 가운데 하나인 수동공격성이라는 방어기제가 휴화산처럼 저 안에서 부글부글 끓고 있을 수 있기 때문이다.

미술에 특별한 재능을 보이는 아이가 있었다. 부모는 아이를 세계적인 화가로 키우겠다는 꿈을 꾸기 시작했고, 더 많은 연습을 강요했다. 그래도 아이가 잘 따라주었는데, 문제가 하나 있었다. 부모와 아이가 좋아하는 그림이 달랐다는 것이다. 부모는 전문가에게 체계적이고 제대로 된 수업을 받게 해서 세계적인 화가로 키우고 싶었지만, 아이는 만화가가 되고 싶어했다. 처음에는 이런 의견 차이를 대수롭지 않게 생각했는데, 아이가 커가면서 문제로 불거지기 시작했다. 아이가 만화를 그리고 있으면 여지없이 부모의 불호령이 떨어졌기 때문이다. 그런 일은 시간이 갈수록 더 빈번해졌고, 그 즈음부터 미술대회에 나가면 1등을 휩쓸던 아이가 등수 안에도 들지 못하기 시작했다. 부모는 이유를 알 수 없었다. 화실에도 꾸준히 나가고 있고, 크게 저항하는 일도 없었다. 슬럼프라고 생각해 극복하면 된다고 독려했지만, 아이는 점점 더 그림 그리기를 멀리했고, 부모가 보기에도 아이의 실력은 늘 제자리걸음이었다. 그림을 그리며 행복해했던 아이의 표정도 더 이상 볼 수 없었다.

이 아이는 미성숙한 방어기제 가운데 수동공격성 방어기제를 사용하고 있을 가능성이 높다. '나는 화가가 아니라 만화가가 되고 싶어요'라는 의사 표시를 실패라는 방법을 통해 표현하고 있는 것이다.

이처럼 수동공격성 방어기제는 내면에서 일어나고 있는 반항이나 공격성을 외부가 아닌 자기 내부로 돌리는 것을 말한다. 겉으로는 말 잘 듣고 공손하고 양보를 잘하는 착한 아이인 것 같지만, 실제로는 일부러 시킨 일을 제대로 하지 않거나 차일피일 미루거나 잘할 수 있는 일도 실패하는 방법을 통해 공격성을 드러내는 것이다. 더군다나 수동공격성이 무서운 이유는 그 공격이 자기 자신을 향하고 있다는 점이다.

이런 수동공격성이 반복되다 보면 자아를 위축시키고, 나아가 부모가 아닌 타인의 공격에도 무방비 상태로 노출된다. 심리학자들은 수동공격성이 강한 아이일수록 타인의 공격에 제대로 대처하지 못한다고 강조한다. 밖에서 맞고 온 아이에게 "너는 왜 매번 맞고만 들어오니?"라고 화를 내는 부모들이 있다. 다른 이유가 있을 수도 있지만, 혹시라도 부모와의 관계에서 내면화된 수동공격성 방어기제가 표출되고 있는 것은 아닌지 살펴볼 필요가 있다.

내가 어릴 때만 해도 "어린애들이 스트레스 받을 일이 뭐가 있어?"라는 말을 많이 들었다. "우리도 걱정거리도 있고, 고민도 있어요"라고 말해봤자 코웃음만 돌아왔다. 하지만 요즘 사회는 아이들의 걱정거리와 고민, 스트레스에 대해서 대체로 수긍하는 분위기이다. 그럼에도 불구하고 현실이 그런 것을 어찌하겠느냐며 "이쯤은 견뎌야지!"라고 채근하고, '통제'를 통해 견디게 한다. 아이가 수동공격성 방어기제를 드러내고 있는지도 모른 채 말이다.

부모는 자녀에게 고통 없는 삶을 줄 것이 아니라 고통에 대처하는 방법을 가르쳐야 한다. 그리고 통제로 길들여진 아이는 성숙한 방어기제 대신 미성숙한 방어기제로 고통에 대처하게 된다는 것을 기억해야 한다.

무기력을 학습하는 아이들

알고 지내는 사람 중에 청소년을 대상으로 지역시민운동을 하는 사람이 있다. 소명의식을 가지고 있는 그는 청소년을 위한 문화공간을 만들고 청소년들과 함께하는 문화행사를 주최하며 아이들과 함께 꿈과 고민을 나누는 사업을 진행하고 있다. 그와 대화를 나누다가 '아이들의 무기력'에 대한 이야기가 나왔다. 요즘 아이들이 너무 무기력하다는 것이 요점이었다. 그는 청소년사업을 진행하면서 가장 힘든 점이 아이들의 무기력이라고 했다. 떠먹여주는 밥은 잘 받아먹는데, 스스로 밥상 차릴 생각을 하지 않아서 사업을 이끌어가는 것보다 아이들을 독려하는 것이 더 힘들다고 했다.

부모들의 하소연도 크게 다르지 않다.

"우리 아이는 시키는 것만 할 줄 알지 스스로 뭔가를 알아서 할 생각을 하지 않아요."

"뒤꽁무니를 쫓아다니면서 하나부터 열까지 챙겨주지 않으면 안 돼요. 내가 이러면 안 된다 싶어서 스스로 하게 내버려두면 속이 터져서 지켜볼 수가 없어요."

모두 아이들의 무기력에 대한 걱정이다. 무기력해서 시키는 것만 하고, 스스로 아무것도 못하기 때문에 하나부터 열까지 챙기지 않을 수 없다는 것이다.

그런데 우리가 잘못 알고 있는 사실이 있다. 무기력은 원인이 아니라 결과라는 점이다. 아이들은 스스로 알아서 할 수 있는 일이 없고, 스스로 알아서 해봤자 좋은 소리를 못 듣기 때문에 시킬 때까지 움직이지 않는 것이다.

"시키는 일이나 잘해!"

"뭘 믿고 맡길 수가 없어!"

"네가 제대로 하는 일이 도대체 뭐야?"

아이 입장에서는 나름대로 해보겠다고 노력한 것인데, 늘상 이런 말만 듣는다고 치자. 열이면 열 모든 아이들이 가만히 있으면 본전이라고 생각하지 않겠는가.

아이가 뭔가를 시도하면 그 용기나 주도성에는 관심을 주지 않고 결과만 가지고 칭찬하거나 꾸중하는 부모들이 많다. 가령, 서랍장을 정리하려고 장난감을 방바닥에 꺼내놓은 건데 엄마는 다짜고짜 들어와서 꾸짖는다.

"방을 왜 이렇게 어질러 놨어? 엄마가 방 어지럽히지 말랬지!"

공부를 열심히 해서 시험을 치렀는데 성적이 좋지 않게 나왔을 때, 가장 속상한 건 아이인데 엄마까지 나서서 속을 긁는다.

"너 공부하는 척만 한 거 아냐?"

이런 상황을 몇 번 겪은 아이들은 하나의 결론을 내린다.

'뭔가를 하고 나서 혼나느니, 차라리 아무것도 하지 말자.'

학습된 무기력이 얼마나 무서운지는 코끼리를 길들이는 방법만 봐도 알 수 있다. 야생코끼리를 길들여 관광상품으로 만드는 곳에서는 일단 어린 야생코끼리를 붙잡아 발목에 무거운 쇠사슬을 채우고 굵은 나무기둥에 묶어둔다. 아무리 발버둥을 쳐도 쇠사슬을 끊을 수 없다는 것을 각인시키기 위해서다. 그렇게 길들여진 코끼리는 나중에 자신의 힘으로 충분히 끊을 수 있는 가는 밧줄로 묶어둬도 도망칠 생각을 하지 않게 된다. 그래봤자 소용없다는 과거의 기억이 코끼리를 묶어두는 것이다.

긍정 심리학의 대가인 마틴 셀리그만도 비슷한 실험결과를 내놓았다. 셀리그만은 첫 번째 실험에서 24마리의 개를 세 개의 집단으로 나누어 방에 가두어 놓고 전기충격을 주었다. 제1집단은 코로 조작기를 누르면 전기충격을 멈출 수 있었고, 제2집단은 조작기를 눌러도 전기충격이 멈추지 않도록 했다. 그리고 마지막 제3집단은 전기충격을 주지 않았다. 두 번째 실험에서는 세 집단 모두를 중앙에 있는 벽만 넘으면 전기충격을 피할 수 있는 방에 넣었다. 이때 제1집단과 제3집단의 개들은 중앙의 벽을 넘어 전기충격을 피했지만, 제2집단의 개들은 구석에 웅크리고 앉아 전기충격을 받으면서 견뎠다.

　마틴 셀리그만은 《긍정 심리학》에서 동물이나 사람은 자신의 주변에서 일어나는 사건들 사이의 복합적인 관계를 파악하고 그 결과를 토대로 미래를 예측하는 능력이 있다면서, '어제 무기력한 나는 아무리 환경이 바뀐 오늘이라도 여전히 무기력할 것이다'라는 판단을 하게 된다고 했다.

　고분고분 시키는 일만 하는 아이들, 아니 시키는 일은커녕 아예 아무것도 하지 않으려는 아이들이 걱정이라면 제일 먼저 살펴야 할 것은 아이가 아니라 부모 자신이다. '문제 아이 뒤에는 문제 부모가 있다'는 말만큼 무서운 말도 없지만, 그래도 사실을 직시해야만 해결책을 찾을 수 있다는 것을 기억하자.

2장

아이의 자율성, 부모의 응원에서 나온다

아빠의 양육 참여는
아이의 인지능력을 발달시키고
심리적인 안정을 준다.

'지금'
행복해야 하는
아이들

부모가 자식을 사랑하는 것은 우주의 질서이다. 하지만 그렇다고 해서 모든 사랑이 무조건 좋은 사랑은 아니다. 그러므로 모든 부모들은 정말 올바른 사랑을 주고 있는 것인지, 줘야 할 사랑과 주지 말아야 할 사랑을 구분하지 못하는 것은 아닌지, 몸에 좋은 약인지 독약인지도 모르고 아이 입에 넣어주는 것은 아닌지 늘 경계하고 조심해야 한다.

"모두 아이의 행복을 위해서예요!"

언젠가 신문에서 '부모님의 사랑은 무척 값비싼 사랑'이라는 칼럼을 읽은 적이 있다. 요즘 부모는 말을 잘 들어야 사랑을 주고, 공부를 잘해야 사랑을 준다는 내용이었다. '무척 값비싼 사랑'이라는 표현에 반감을 가지는 부모도 있을 것이다.

"그게 모두 아이들 잘 되라고 하는 말인데 값비싼 사랑이라뇨? 부모 입장에서 정말 억울하네요."

정말 그럴까? 전적으로 아이의 행복을 위해서일 뿐 부모의 행복과는 무관하다고 자신 있게 말할 수 있을까? 그렇다면 우리 아이들은 어떻게 느끼고 있는지 현실을 들여다보자. OECD 국가를 대상으로 조사한 '어린이·청소년 행복지수'만 비교해도 우리나라 아이들은 행복하지 않다는 결론이 나온다.

조사결과에 따르면, 우리나라의 어린이와 청소년들이 행복하다고 느끼는 주관적 행복지수는 OECD 23개국 중 꼴찌를 기록했다. 평균에서도 27.5점이 떨어지는 것을 보면 그 심각성을 짐작하고도 남는다.

부모들은 아이의 행복을 보장해주기 위해 매니저 노릇을 자처하고, 노후 대책까지 포기하면서 여러 학원에 보내는데 정작 아이들이 행복하지 않다니, 이게 어찌된 일일까?

"아이가 성적만 좋다면 행복하지 않아도 돼요."

"아이가 명문 대학에 들어갈 수만 있다면 행복하지 않아도 돼요."

세상에 이렇게 말하는 부모는 없을 것이다. 그럼에도 많은 부모들이 성적이 좋아야만, 명문 대학에 들어가야만 내 아이가 행복할 것이라고 생각한다.

하지만 만약 행복을 이야기했던 철학자 아리스토텔레스가 지금의 양육현실을 본다면 고개를 절레절레 흔들 것이다. 아리스토텔레스는《니코마코스의 윤리학》에서 지적 능력을 뜻하는 사유의 탁월성은 행복의 극히 일부분일 뿐이라고 주장했다. 이 책은 윤리학이라는 타이틀을 달고 있지만 실제로는 '행복론'이다. 전체 10권 가운데 학문적 인식 등 '사유의 탁월성'에 대한 책은 6권 딱 하나뿐이고, 나머지는 성격적 탁월성에 할애하고 있다. 용기, 절제, 온화, 포부가 큰 것, 통이 큰 것, 자유인다움, 진실성, 재치, 친애 등과 같은 성격적 탁월성이 행복에 더 큰 영향을 미친다는 주장이다. 더구나

어린이 · 청소년 행복지수 OECD 국가 비교(2013)

구분		물질적 행복	보건과 안전	교육	가족과 친구관계	행동과 생활양식	주관적 행복
최하위국		미국	미국	오스트리아	미국	체코	우리나라
		80.5	76.9	75	80.5	82.7	72.5
우리나라		110.8	108.4	123	95.1	129.1	72.5
최상위국		핀란드	스웨덴	우리나라	이탈리아	우리나라	스페인
		119.2	116.9	123	120.1	129.1	117.2

- OECD 국가평균 = 100
- 방정환재단에서는 해마다 유니세프의 어린이·청소년 행복지수를 모델로 국제비교 연구를 수행하고 있다.

사유의 탁월성 가운데서도 '학문적 인식'이나 '직관적 지성', '철학적 지혜' 같은 지적 능력보다 합리적 선택을 통해 발현되는 실천적 지혜를 더 강조한다. 한마디로 정리하면, 행복에 있어서 지적 능력은 아주 작은 일부분일 뿐이고, 정말로 중요한 것은 성격적 탁월성과 실천적 지혜라는 얘기이다.

공부는 전교 1, 2등을 달리는데, 집에 오면 교복을 현관문부터 제 방까지 일렬로 벗어던진다는 아이 얘기를 들었다. 아이가 1초라도 시간을 허투루 쓸까 봐 엄마는 군소리 없이 정리한다고 했다. 남들 다 부러워하는 고등학교를 졸업하고 명문 대학까지 나왔어도 할아버지 할머니와 함께 식사하는 자리에서 숟가락을 놓아드릴 줄 모르는 사람도 있다. 제 수저만 달랑 챙겨서 어른이 수저를 들기도 전에 젓가락질을 시작한다니 복장 터질 노릇이다. 하긴 나이 들어서까지 그 어떤 것도 선택하고 판단하고 실행하지 못하는 사람들이 얼마나 많은가. 합리적 선택을 훈련받지 못하고 성격적 탁월성을 습관화하지 못한 채 부모가 지시하고 결정하는 대로 따르면서 자란 탓이 크다.

내 아이는 그렇지 않을 것이라고 생각하는가? 지금은 부모 말 잘 듣고 공부 잘하는 아이로 크다가 어른이 되면 저절로 '성격적 탁월성'과 '실천적 지혜'를 갖게 될 것이라고 믿고 있지는 않은가? 그렇다면 하루 빨리 착각에서 벗어나야 한다. 아리스토텔레스가 《니코마코스 윤리학》에 소개했던 고대 시인 에우에노스의 말을 되새겨보기 바란다.

"친구여! 오랜 시간에 걸친 훈련이 결국 인간의 본성이 된다네."

행복으로 가는 지름길, 제대로 찾아라

인생과 시간의 관계는 참으로 정직하다. 아무리 시간이 화살처럼 빨리 지나도 각각의 나이에 걸맞은 삶을 살지 않으면 절대로 성장할 수 없는 것이 인생이다. 그러다 보니 때로는 인생이 짧게 느껴지고, 때로는 길게 느껴진다. 특히 유아기나 아동기, 청소년기의 시간은 너무 짧으면서 동시에 무척 길다. 절대적인 시간으로 놓고 본다면 짧은 것이 사실이다. 100세 장수시대라는 요즘, 20세 성인이 된 후에도 80년의 인생이 앞에 기다리고 있다. 하지만 20세에 이르기까지의 성장과정을 놓고 본다면 결코 짧다고 할 수 없다. 태어나서부터 20세까지 보고 배우고 내면화한 것들이 앞으로의 80년을 좌우하기 때문이다. 그래서 부모의 가치관, 인생관, 교육관은 아이의 인생에 약이 될 수도 있고, 독이 될 수도 있다.

성인이 된다는 것은 육체와 정신의 성숙이 함께 이루어진다는 의미를 담고 있다. 그런데 자각과 긍지, 사회인으로서 담당해야 할 권리와 의무가 스무 살이 되면서 갑자기 만들어지는 것은 아니다. 부모가 자녀의 자율성 교육을 나중으로 미룰 수 없는 이유가 여기에 있다.

자율성이란 외부의 어떤 권위나 제재의 개입 없이 자기결정에 의해서 생각하고 행동하고 통제하는 것을 말한다. 그렇다면 자율성의 반대말은 무엇일까? 아마 타율성이라고 대답하는 사람이 많을 것이다. 나는 자신의 의지 밖에 있는 권위나 목적에 따르는 타율성은 자율성의 반대말이라기보다 반대말로 가는 과정이라고 생각한다. 자율성이 없는 사람은 타율성보다 더 극한 상황에 처하게 된다. 바로 '소외'이다.

심리학자 에리히 프롬은 현대인들이 가진 고통의 심리학적 원인이 소외에 있다고 분석했다. 돈이나 명예, 권력으로부터의 소외뿐 아니라 친구나 가족 등 관계로부터의 소외, 꿈과 희망으로부터의 소외, 내가 판단하고 내가 결정하고 내가 책임지는 자기 삶으로부터의 소외 등 소외의 형태는 다양하다. 그런데 요즘 부모들을 보면 자녀의 미래를 생각하면서 가장 두려워하는 것이 '돈으로부터의 소외'인 듯하다. 부모들이 유명 학원에 줄을 서고 명문 대학에 목을 매는 데는 여러 가지 이유가 있겠지만, 그 핵심으로 들어가면 '돈'으로 귀결된다. 명문 대학을 나와서 좋은 직장이나 직업을 가지면 돈을 많이 벌 수 있고, 그러면 결국 행복하게 살 수 있다고 믿는 것이다.

물론 '돈'이 행복의 요소임을 부정할 수는 없다. 하지만 하나의 요소일 뿐 전부는 아니다. 돈이 행복을 위한 '전부'라면 유명 연예인이나 기업체의 임원이 자살했다는 소식이 뉴스에 등장할 리 없다. 일반인들이 보기에 자살할 이유가 전혀 없을 것 같은 그들이 자살을 하는 이유는 '소외'에 있다. 관계로부터의 소외, 꿈과 희망으로부터의 소외, 자기 삶으로부터의 소외가 그것이다. 부모의 역할이 '돈을 잘 버는 능력을 길러주는 것'에 국한되어서는 안 되는 이유가 여기에 있다.

아이는 '내일의 행복'을 체감하지 못한다

부모들은 하나같이 아이의 행복을 위해서 최선을 다하고 있다고 말한다. 그런데 부모가 생각하는 행복과 아이가 생각하는 행복이 많이 달라서 문제가 생긴다. 부모들은 행복한 미래를 위해서 아이가 지금은 참고 버텨야 할 때라고 말한다.

"놀고 싶은 마음이야 이해하죠. 하지만 놀고 싶은 대로 다 놀면 미래는 어떻게 되겠어요? 지금도 이렇게 치열한데 아이가 커서 경쟁할 세상은 지금보다 더 심해지지 않겠어요?"

이런 확고한 생각을 가지고 있다 보니 부모들은 아이에게 협박도 서슴지 않는다. 무더운 여름날, 아이와 건설현장을 지나던 엄마가 이렇게 말하는 것을 들었다.

"너도 공부 안 하고 놀면 저 아저씨처럼 뜨거운 햇볕 아래에서 일을 해야 하는 거야."

부모 입장에서는 미래의 큰 행복을 위해 지금의 작은 행복에 연연해서는 안 된다는 자극을 주고 싶어서 한 말이었을 것이다. 그런데 아이들 입장에서 미래라는 시간 개념은 올지 안 올지도 모르고, 정말로 있기는 한 건지 알 수 없는 시간이다. 학자들에 따르면 태어난 지 18개월은 되어야 '먼저'와 '나중'을 구분할 수 있고, 만 4세가 되어야 하루 24시간에 대한 시간 개념이 생긴다고 한다. 1분이 어느 정도의 길이인지를 어림짐작할 수 있는 시기는 초등학교에 들어갈 나이쯤이고, 시간 개념을 정확하게 알고 능숙하게 다루는 것은 중학교에 들어갈 무렵이라고 한다. 이제 막 시간 개념이 생기기 시작하는 아이들에게 미래의 행복을 위해 지금 놀지 말고 공부해야 한다는 말은 정말로 뜬구름 잡는 얘기인 것이다.

중고등학생들의 자살 뉴스가 하루가 멀다 하고 들리는 이유, 어쩌면 그것은 올지 안 올지도 모르는 미래의 행복을 위해 끊임없이 강요당하는 오늘의 고통 때문은 아닐까? 한 엄마가 중학교에 진학하는 아들을 앉혀놓고 앞으로 6년을 어떻게 보내느냐에 따라 미래가 달라진다고 말했다. 그런데 아들이 이렇게 물었다고 한다.

"근데 6년간 실컷 고생했는데, 그 다음에 바로 죽어버리면 어떻게 해요?"

아들의 질문이 하도 어이없어서 헛웃음이 나왔다는데, 나는 그 아들이 핵심을 찌르는 질문을 했다고 생각한다. 청소년기에 극단적인 선택을 하는 아이들은 왜 살아야 하는지, 왜 지금의 고통을 감내해야 하는지 그 이유를 알지 못했을 가능성이 크다. 어른들이야 '이 모든 것도 지나가리라' 싶지만, 아이들은 그런 생각을 하지 못한다. 지금 이 순간의 고통이 영원히 계속될 것만 같기 때문이다.

오직 경주마처럼 앞을 향해 달릴 수밖에 없는 삶을 사는 아이들에게 내일의 행복이라는 말은 현실감이 없다. 끝날 것 같지 않은 경쟁과 박탈, 뒤처지면 죽는다는 강박증에 시달리는 아이들에게는 당연한 일이다. 과연 부모인 당신이 걱정하는 것이 오직 아이의 행복인지 다시 고민해보기 바란다. 내 아이가 진정 행복하기를 바란다면 정직하고 바른 삶과 작은 행복, 스스로 선택하는 삶의 중요성을 가르쳐야 한다. 나중으로 자꾸 미루다가 돌이킬 수 없게 될지 모른다.

아이의 자율성과 부모의 노후

부모가 "공부해라, 공부해라" 해서 공부하는 아이와 공부할 이유를 스스로 찾아서 공부하는 아이 가운데 누가 더 행복한 아이일까? 질문을 바꿔보자. 공부할 이유를 스스로 찾아서 공부하는 아이를 둔 부모와 "공부해라, 공부해라" 해야 책상에 앉는 아이를 둔 부모 가운데 누가 더 행복할까? 둘 중에서 내 아이였으면 하는 아이, 내가 되고 싶은 부모를 생각하면 답은 쉽게 나온다.

엄마들이 모이면 재미있는 우스갯소리가 오간다.

"나중에 효도 받고 살려면 자식을 왕자님, 공주님으로 키우면 안 돼. 부모가 늙어도 자기가 여전히 왕자님, 공주님이고 부모가 무수리인 줄 안다니까."

이런 얘기가 나오면 박장대소하며 공감하면서도 마음 한구석에는 내 딸, 우리 아들만은 예외일 거라는 근거 없는 믿음을 품고 있다. 그런데 과연 남의 집 아들딸 이야기일까? 내가 구성하는 방송 프로그램에 출연했던 재무컨설팅센터장이 실제로 경험한 사례를 내게 들려준 적이 있다.

유학생 자녀를 둔 두 부모가 있었다. 편의상 두 집안의 자녀를 A, B라고 하자. 먼저 A의 부모는 자신들의 노후자금의 일부를 헐어 아들을 유학 보냈다. 아들이 유학에 대한 의지가 크지는 않았지만, 우리 사회에서 유학은 필수코스라는 생각에서 부모가 더 적극적으로 권했다. 어릴 때부터 늘 그래왔듯이 아들은 군소리 없이 유학길에 올랐다. B는 국비유학생으로 유학을 갔다. 자녀가 꿈을 이루기 위해서는 유학이 필수라고 생각한 부모가 유학을 원한다면 국비유학의 길을 알아보라고 일찌감치 일러주었던 것이다. B는 착실히 준비해 국비유학생이 되었다.

그 뒷이야기가 있다. A는 유학기간이 당초 예상보다 늘어나서, 결국 부모는 노후대책의 마지막 보루였던 집까지 팔아 유학자금을 대고 있다고 했다. 자식의 학위는 여전히 감감무소식이고, 현직에서 은퇴 후 수입이 크게 줄어든 부모는 작은 아파트를 구해 산다는 것이다. 반면에 B는 국비유학 기간에 학업을 마치기 위해 최선을 다했고, 지금은 원하는 꿈을 이뤄 매달 부모님께 생활비를 드리고 있다고 했다.

자, 둘 중에서 당신이 원하는 자녀의 모습은 어느 쪽인가? 당연히 B일 것이고, B의 부모가 되고 싶을 것이다. B처럼 스스로 자기 앞가림을 하면서 똑똑하고 야무지게 키우려면 어떻게 해야 할까?

정신분석학자 에릭슨의 인간발달단계 가운데 태어나서부터 청소년기까지에 해당되는 5가지 단계를 기억할 필요가 있다. 그것은 바로 '기본적인 신뢰감, 자율성, 주도성, 근면성, 정체감'의 성취이다. 이 5가지의 성취를 가로막게 되면 내 아이의 행복한 인생은 물론이고, 부모의 행복하고 안정된 노후도 흔들린다고 봐야 한다. 자녀의 자율성은 부모의 행복과도 직결되는 것이다.

아이는
부모의 응원을
먹고 자란다

옛날 어른들이 어린아이를 보면서 "얘가 언제 커서 사람 구실을 할까?" 하던 말이 생각난다. 아이들을 보고 있노라면 나도 종종 그런 생각을 하게 된다. 부모 눈에는 뻔하게 보이는 결과를 예측하지 못하고, 몇 분 전에 한 실수도 금세 잊고 또 다시 반복하기 때문이다.

부모들이 말하는 '언제 사람 구실을 할까?'라는 말에는 '언제쯤이면 올바른 판단력을 가지고 결과를 추론하면서 올바른 선택을 하고, 그 선택에 대해 책임을 질 줄 알게 될까?'라는 의미가 담겨 있다. 하지만 아이들이 사람

구실을 하는 어른이 되기까지는 많은 연습시간이 필요하다. 부모는 아이가 연습하고 깨우쳐가는 동안 끊임없이 기다려줘야 한다. 그런데 그것이 말처럼 쉽지가 않다.

자기선택, 훈련이 필요하다

좋아하는 그림책 중에 데이빗 섀논의 《안 돼, 데이빗!》이란 책이 있다. 엄마들은 책을 읽어주는 동안 "안 돼, 데이빗!"에서 시작되어 "안 된다고 했잖니", "안 돼, 안 돼, 안 된다니까!"로 점점 강도가 세지는 데이빗 엄마의 마음을 십분 공감하게 된다.

미운 세 살, 뒷감당 안 되는 다섯 살, 말썽쟁이 일곱 살 때만 그런 것이 아니다. "나도 이제 다 컸어. 내 인생은 내 거야"라고 주장하는 사춘기 딸아이에게 나도 '안 돼'라는 말을 하고 싶을 때가 많다. 입 안에서 맴도는 말을 꿀꺽 삼키려면 웬만한 의지력과 참을성을 가지고는 힘들다.

특히 아이의 자율성을 키워주려는 부모는 '뱉을 말'과 '삼킬 말'을 잘 가려야 한다. 자칫했다가는 '너의 동기는 늘 쓸모가 없어', '너는 현명한 판단을 내릴 수 없는 아이야', '너의 열정은 잘못된 거야'라는 메시지를 전달할 수 있기 때문이다.

많은 사람들이 '멘붕'이라는 표현을 사용한다. 2011년에는 인터넷 최고의 유행어로 뽑혔을 정도이다. 멘붕은 어떤 충격적인 사건이나 상황을 보고

'심리상태가 무너진 상황'을 표현하는 말인데, 반대의 뜻인 '멘탈 갑', '멘탈 퀸'이라는 별명을 가진 여자프로골프 선수가 있다. 2013년 LPGA투어에서 올해의 선수상과 상금왕을 거머쥔 박인비 선수가 그 주인공이다.

박인비 선수는 2008년 US여자오픈에서 최연소로 우승하며 깜짝 등장했지만 4년간 내리 슬럼프에 빠져있었고, 한때는 은퇴까지 생각했다고 한다. 그의 재기가 더욱 드라마틱한 이유가 여기에 있다.

박인비 선수는 드라이버 비거리와 정확도 면에서는 별로 두각을 나타내지 못하지만, 퍼팅에서만큼은 LPGA 선수 가운데 단연 1위이다. 그럼에도 전문가들은 박인비 선수의 성공 요인을 꼽을 때 '칼날 퍼팅'보다 '긍정의 멘탈'을 더 높게 평가한다. 미국에서 '퍼팅 대가'로 불리는 데이브 스톡튼도 "박인비는 어떤 라인에서든 멘탈적으로 영향을 받지 않는다. 어떤 압박감 속에서도 루틴이 변하지 않는다"라고 극찬했다. 그녀의 멘탈코치인 조수경 소장은 한 언론과의 인터뷰에서 박인비 선수가 중압감을 이겨내는 비법으로 '내 선택을 믿자'는 한마디를 꼽았다.

자신의 선택을 믿기가 말처럼 쉽지 않다. 하다못해 자장면과 짬뽕 중에 뭘 먹을지를 놓고도 선뜻 결정을 못 내릴 때가 얼마나 많은가. 스스로 선택하는 훈련이 되지 않은 경우라면 '내 선택을 믿자'는 자기 확신, 자기 믿음의 멘탈을 가지기 어려운 것은 당연하다.

골프를 잘 모르지만, 골프와 인생이 닮았다는 말을 많이 들었다. 그중에서 '벙커와 해저드'의 존재가 특히 인상적이었다. 누구나 인생을 살다 보면 모래밭이나 웅덩이, 개울 같은 인생의 해저드들과 맞닥뜨린다. 모래늪 같은 벙커에 빠지는 일도 다반사로 일어난다. 잘 계산된 거리와 좋은 샷도 때로는 주변 벙커나 해저드로 빠져드는데, 잘 계산할 수 있는 안목과 샷 훈련이 되어있지 않다면 어떻게 될까?

박인비 선수에게 "어떤 클럽이 손에 쥐어지든, 자신이 본 라인이 맞든 틀리든 공 앞에서만큼은 자신 있게 스윙을 하자"라고 대화를 나눠주는 멘탈코치가 있다면 우리 아들딸에게는 부모가 있다.

아이들이 살아갈 인생길에는 탄탄대로보다 벙커와 해저드들이 더 많이 숨어있을 것이다. 그 길에 나설 때 가장 큰 무기는 무엇에도 흔들리지 않는 두둑한 배짱과 평정심, 강한 정신력이다. 자녀의 미래를 진심으로 생각하는 부모라면 말 잘 듣는 아이, 좋은 성적을 받아오는 아이로 키울 것이 아니라 자신의 선택을 믿고 그 선택에 최선을 다하는 멘탈이 강한 아이로 키워야 할 것이다.

응원하고 믿어주는 부모의 힘

가로수 가지치기로 교통정체가 빚어지는 일이 종종 있다. 시끄러운 엔진 톱 소리와 함께 잘려 나가는 가지를 보면 심하다 싶을 만큼 가지치기를 하는 경우가 많다. 가지치기가 끝난 나무들은 종종 팔, 다리, 머리까지 없는 마네킹 몸통처럼 뭉툭한 둥치만 남아있다. 이처럼 편리상의 목적으로 이루어지는 도심의 가로수 가지치기와 달리, 농부의 가지치기는 식물의 성장을 돕기 위한 것이다. 이미 죽어버린 가지, 기형적으로 자라는 가지, 성장을 막는 웃자란 가지 등을 정리해주는 것이다. 농부의 가지치기는 미관상의 목적이 아니라 더 크고 풍성한 열매를 맺도록 돕는 데 있다.

부모는 아이에게 가지치기를 해주는 농부가 되어야 한다. 더 크게 자라서 더 튼실한 열매를 맺으라고 기형적으로 자라는 가지나 웃자란 가지, 쓸모없이 거추장스러운 가지 등을 정리해주어야 한다. 여기서 가장 중요한 문제는 나무에 대한 정확한 이해이다. 언제, 어느 정도의 길이로, 어떤 가지를 잘라주어야 하는지 지식과 지혜가 필요한 것이다. 따라서 부모는 자식에 대해 끊임없는 연구와 관찰, 조심스러운 태도를 취하지 않으면 안 된다. 그렇지 못할 거라면 차라리 스스로 가지치기를 하도록 가만히 놔두는 것이 낫다.

부모의 유형은 주로 억압적인 부모, 민주적인 부모, 자유방임적인 부모로 나눈다. 이 가운데 가장 이상적인 부모는 물론 민주적인 부모이다. 그렇다면 나머지 억압적인 부모와 자유방임적인 부모 중에서는 어느 쪽이 더 나을까? 굳이 선택하자면 자유방임적인 부모 쪽이다. 자유방임적인 부모 밑에서 자라는 아이들은 행동의 규제를 거의 받지 않는다. 비유하자면 가지치기를 스스로 해야 하는 숲 속의 나무와 같다. 하지만 그렇기 때문에 창의력이나 자율성, 책임감을 자유롭게 발달시킬 가능성이 높다.

1955년 하와이의 카우아이섬에서 미국의 소아과 의사, 정신과 의사, 사회복지사, 심리학자 등이 40여 년에 걸친 야심찬 프로젝트를 진행했다. 카우아이섬의 범죄자, 알코올 중독자, 정신질환자를 부모로 둔 신생아 833명을 태어나서부터 18세가 될 때까지 추적하는 대규모 연구였다. 이 연구분석을 주도한 심리학자 에미 워너는 뜻밖의 사실을 발견했다. 833명 중에서도 특히 더 열악한 환경에서 자란 201명의 삶을 살펴본 결과, 3분의 1인 72명은 출생과 환경의 영향을 받지 않고 유복한 가정에서 자란 젊은이 못지않게 훌륭하게 성장했던 것이다. 그 72명의 젊은이들에게는 단순하지만 아주 중요한 비밀이 하나 있었다. 그들을 믿어주고 응원해준 누군가가 있었다는 것이다. 그 누군가는 부모인 경우도 있고, 이웃사람인 경우도 있고, 친척인 경우도 있었다. '아이는 믿는 만큼 자란다'는 말이 있듯이 부모가 아이를 응원하고 믿어주기만 한다면 그 자녀는 누구 못지않게 멋진 열매를 맺는 나무로 자랄 가능성이 높다는 결론이 나온다.

의욕이 없으면 오래 가지 못한다

요즘 아이들은 지금 부모세대의 어린 시절에 비하면 정말로 아는 것이 많다. 우리 때와 비교할 수 없을 만큼 많은 책을 읽고, 검색만 하면 거의 무한대의 정보를 얻을 수 있는 인터넷 세상에 살기 때문이다. 이처럼 정보의 바다에 살고 있는데도 분석력, 논리력, 창의력, 사고력 등에서는 과거의 아이들보다 많이 뒤떨어진다는 말이 자주 들린다. 그 이유는 무엇일까?

언젠가 수학학원을 운영하는 원장님에게 "요즘 아이들은 문제 푸는 능력은 뛰어난데, 문제를 이해하는 능력이 많이 떨어진다"는 말을 들었다. 문제 내용을 설명해주면 "아하!" 하고 바로 풀어내는데, 설명해주지 않으면 아예 문제내용을 이해하지 못해 손도 대지 못한다는 것이다.

　이런 현상이 우리나라만의 문제는 아닌 모양인지, 영국에서는 교육전문가들이 '무엇이 학생들을 멍청하게 만드는가?'라는 주제로 연구를 했다고 한다. 그 요인으로 누구나 짐작 가능한 텔레비전이나 인터넷도 나왔지만, 의외로 '지나치게 경쟁적인 학교'가 포함되어 있었다. 아이들을 똑똑하게 키우려고 학교에 보내는데, 학교가 아이들을 멍청하게 만든다니 이게 무슨 소리인가 싶을 것이다. 문제는 학교 자체가 아니라 경쟁 위주의 학교교육에 있다. 경쟁이 아이들의 깊은 사고와 이해를 방해한다는 것이다.

　경쟁 강화를 주장하는 사람들은 학업 성적의 서열화가 학업성취도를 높인다고 주장한다. 라이벌 의식을 통해 자기계발을 더 열심히 하게 되고, 어려운 목표를 세우고 성취하기 위해 도전정신을 키우게 되며, 그 결과 학업성취도가 높아진다는 것이다.

　하지만 여러 연구들은 반대되는 양상을 보여주고 있다. 먼저, 미시간 대학교의 스테판 가르시아 교수와 이스라엘 하이파 대학교의 마비사롬 토르 교수가 주장하는 'n효과'에 대해 살펴보자. 경쟁을 강화해야 한다고 주장하는 사람들의 논리대로라면 경쟁자 수가 많아져서 경쟁이 심해질수록 시험에서나 경기에서 더 높은 점수를 얻어야 한다. 하지만 'n효과'는 경쟁이 강화되면 성과가 낮아진다는 것을 보여준다. 여기서 'n'은 경쟁에 참여한 사람의 숫자를 말하는데, 가르시아 교수와 토르 교수의 연구에 따르면 경쟁자 수가 많을수록 시험에서의 평균점수가 떨어지고, 달리기 경기에서는 속도가 느려졌다. 특히, 경쟁심이 심하고 다른 사람과 자신을 많이 비교하는 사람일수록 'n효과'가 커진다는 결과가 나왔다. 이 연구결과는 부모가 말 한마디를 할 때도 조심해야 한다는 것을 알려준다.

"옆집 애 좀 봐라. 이번에도 올백 맞아왔다더라."

"네 사촌동생은 세 살 때부터 글을 읽었단다."

부모 입장에서는 자극받으라고 하는 말이지만, 결과적으로는 'n효과'를 키울 수 있다. 자신도 모르게 아이의 가능성을 죽이고 있는 셈이다.

로체스터 대학교의 에드워드 데시 교수와 클라크 대학교의 라이언 교수의 연구결과도 주목할 만하다. 에드워드 데시 교수의 연구에 따르면, 텍스트를 나눠주고 시험을 치르겠다고 한 집단과 그 텍스트 내용을 다른 사람에게 가르치게 될 것이라고 말해준 집단 가운데 후자의 개념이해 수준이 훨씬 높았고, 학습동기도 높았다. 라이언 교수의 연구에서도 시험을 치르겠다고 말한 집단과 그냥 읽으라고만 말한 집단 가운데 그냥 읽으라고만 한 집단의 개념이해 수준이 훨씬 더 높았고, 실제로 양쪽 집단에 시험을 치렀을 때도 그냥 읽으라고만 한 집단의 성적이 더 좋았다.

경쟁을 시키지 않겠다고 아이를 학교에 보내지 않을 수도 없고, 그렇다면 어떻게 해야 할까? 그 답이 바로 자율성에 있다. 흔히, 인생목표를 세우면 공부의지가 달라진다고 한다. '공부를 너무 싫어하는 아이, 어떻게 하면 될까요?'라는 질문에 대한 답도 한마디로 정리하면 '아이에게 공부할 목표를 찾아주세요'가 될 것이다.

여기서 말하는 의지가 바로 자율성이다. 부모가 백 번 공부하라고 말해도 꿈쩍도 않던 아이를 스스로 책상에 앉아서 스스로 공부하게 하는 힘이 바로 자신의 의지, 즉 자율성이다. 공부를 해야겠다는 생각을 스스로 하게 될 때, 여태 잠잠하던 휴화산이 갑자기 폭발하듯 아이의 학습력도 폭발을 일으키게 되는 것이다.

무슨 일이든 의욕 없이 억지로 하면 오래하지 못한다. 하고 있어도 고통스럽고, 잘하려고 해도 잘 되지 않을 때가 많다. 따라서 현명한 부모는 아이가 성장하는 동안 스스로 자신의 재능과 성격, 흥미에 맞는 꿈을 찾도록 도와주는 데 힘써야 한다.

아빠와
친한 아이,
뭐가 다를까?

조선시대에는 아버지들이 교육에 적극적으로 참여했다. 조선시대의 풍속화에서는 남자가 아이를 돌보고 있는 모습들이 많이 보이는데, 김홍도가 그린 〈평양감사 뱃놀이〉를 보면 강가에서 뱃놀이를 구경하고 있는 사람들 가운데 아이들을 데리고 나온 이들은 모두 아버지와 할아버지이다. 손을 잡고 있거나 아이를 업고 있는 모습도 보인다.

또한, 죽은 아들을 대신해 손자 교육을 맡았던 할아버지의 육아일기도 남아 있다. 16세기의 관료이자 학자였던 이문건의 《양아록》이 그것이다. 이문

건은 육아일기를 쓴 목적에 대해 이런 기록을 남겼다.

"습좌(習坐), 생치(生齒), 포복(匍匐) 등의 짧은 글을 뒤에 기록하여 애지중지 귀여워하는 마음을 담았다. 아이가 장성하여 이것을 보게 되면 아마 글로나마 할아버지의 마음을 알게 될 것이다."

요즘의 육아일기나 성장일기와 목적이 같다는 사실이 놀랍기만 하다. 그 내용을 보면 손자의 발달과정과 질병, 훈육에 대한 것도 있는데, 할아버지의 사랑이 절절이 묻어나는 기록도 있다.

"열 대를 때리고 차마 더는 못 때렸다. 손자가 한참을 엎드려 우는데 늙은이 마음 또한 울고 싶을 뿐이다."

"좀 더 크면 그때……"는 없다

사대부 가문에서 남자아이의 양육은 아버지가 담당했다. 여섯 살쯤 되면 남자아이는 사랑채로 건너가 할아버지, 아버지와 함께 생활하며 교육을 받았다.

엄부자모(嚴父慈母)라는 말에서도 어머니의 역할과 아버지의 역할이 분명히 다르게 자리하고 있다. 엄하게 자식을 잘 키우는 것은 조선시대 선비가 갖춰야 할 덕목의 하나였다.

근대로 넘어오면서는 정치, 경제적 상황 때문에 아버지들이 자녀교육에 자연스럽게 무관심해졌다. 산업화 시대를 사는 아버지들은 나라를 일으켜

세워야 하는 시대적 사명을 가지고 있었기 때문에 멀어질 수밖에 없었다. 지금 어린 자녀를 양육하고 있는 아버지 세대들은 IMF를 직간접적으로 겪었고, 2008년부터 시작된 경제위기의 터널을 힘겹게 뚫고 나가고 있다. 따라서 그들의 가장 중요한 책임은 가족부양이라는 말에 순순히 고개를 끄덕이게 되는 것도 자연스러울 정도이다.

하지만 중요한 사실 한 가지를 간과하고 있다. 품안의 자식이라는 말이 있듯이, 자식이 크는 것은 잠깐 동안이다. '돈 좀 벌어놓고 그때 가서 해도 늦지 않을 거야'라고 생각했다가는 자식과 영영 멀어질 수 있다는 것을 유념해야 한다.

요즘 젊은 아빠들 사이에서 '아빠 효과'라는 것이 주목받고 있다. 아빠의 역할이 배제된 채 엄마 혼자 아이 양육을 전담하게 되면 성격 형성이나 발달 정도가 엄마에 의해 좌우될 수밖에 없다. 그런데 새로운 자극을 진취적으로 수용하고 자율성을 부여하는 아빠의 양육방식이 결합되면 아이의 인지능력이 더 고르게 발달하고, 심리적인 안정을 이끌어낸다는 연구결과들이 속속 나오고 있다. 그래서인지 자녀교육에 대한 젊은 아빠들의 관심이 나날이 높아지고 있다.

아버지의 권위, 양육에 꼭 필요하다

브리검영 대학교의 연구진은 325개의 가정을 여러 해 동안 지속 관찰한

결과, 아버지가 청소년 자녀들의 인성을 키워주는 독특한 위치에 있다고 발표했다. 아버지의 '권위 있는 훈육'이 자녀의 인내와 자부심, 끈기, 학교생활 참여도, 자율성을 높이고, 비행행동을 감소시킨다는 것이다. 연구진은 '권위 있는 훈육'에 대해 규칙의 기초가 되는 신뢰와 합리성에 중점을 둔 훈육으로, 자녀에게 일정한 규칙을 지키도록 하면서도 적절한 수준의 자율성을 보장해주는 방식이라고 밝혔다.

또한, 동화책을 읽어줄 때 엄마가 읽어주는 것도 좋지만 아빠가 읽어줄 때 뇌를 더 자극하고, 자녀의 자기개념이나 또래관계, 창의성, 도전정신 등에 엄마보다 아빠의 양육태도가 더 많은 영향을 미친다는 연구결과들이 나오고 있다. 학업성취에서도 아빠 효과가 큰 것으로 알려져 있다.

아빠들이 육아에 많이 참여하면서 가정적이고 친구 같은 아빠를 의미하는 '홈대디Home+Daddy'와 '플대디Play+Daddy' 등의 신조어가 생겨났고, TV 예능 프로그램인 '아빠 어디가'나 '슈퍼맨이 돌아왔다'가 인기를 끄는 것도 이런 시대 상황을 반영한다고 볼 수 있다. 두말할 것도 없이 긍정적인 변화이다. 캠핑을 가보면 아이들과 어울려 노는 아빠들을 쉽게 볼 수 있는데, 사회적으로 캠핑붐이 일어난 것도 아이들과 어울릴 기회를 만들려는 아빠들의 노력에서 나온 것이 아닐까 생각한다. 이처럼 아빠와 자녀가 함께하는 풍경을 예전보다 더 자주 보게 되기는 했지만 자녀교육은 엄마 몫이라는 인식 또한 여전하다.

나의 남편은 월차를 내서라도 학기 초에 있는 학부모상담에 꼭 참석한다. 그때마다 선생님들에게서 "아빠가 함께 오시는 경우가 거의 없는데, 이렇게 와주셔서 너무 기쁩니다"라는 말을 듣는다. 교사생활을 하는 동안 아버지와 어머니가 함께 상담에 온 경우는 처음이라고 말씀하시는 선생님도 계셨다. 당연히 아이에 대한 선생님의 관심이 높아지는 효과를 가져왔을 뿐만 아니라 아이의 교육문제에 남편이 자연스럽게 동참하는 계기가 되었다.

주위에서 자녀교육 문제로 부부싸움하는 경우를 자주 본다. 실제로 한국여성정책연구원이 2013년에 실시한 '부부싸움의 원인' 가운데 3위가 '자녀교육 문제'였다. 과열된 교육열과 부부간의 서로 다른 교육관이 부부 사이에 얼마나 심각한 문제를 만드는지를 알 수 있다.

그런데 이런 싸움의 양상도 아이가 어릴 때와 중고등학교에 다닐 때가 조금 다르다. 아이가 어릴 때는 엄마의 높은 교육열과 아빠의 관대함이 부딪쳐서 싸움으로 이어지는 경우가 많다. 말하자면 "한글도 배워야 하고, 영어학원도 다녀야 한다", "창작동화 전집도 사줘야 하고 블록 세트도 사줘야 한다"는 엄마와, "벌써 공부는 무슨! 튼튼하게만 자라면 되지"라는 아빠의 의견충돌이 일어난다. 하지만 아이가 자라서 중고등학생이 되면 싸움의 양상이 달라진다. 엄마는 엄마대로 아이가 맘먹은 대로 자라지 않아 속이 상해 있는데, 아빠가 "그동안 애들 교육을 어떻게 시킨 거야? 애 성적이 왜 이 모양이야?"라고 기름을 붓는 것이다. 모두 아빠가 자녀양육에서 한 발 물러나 있었던 탓이다. 자녀교육에 대해 부부가 서로 의견을 나누고 방향을 정한 적이 없기 때문에 아이에게 문제가 발생할 때마다 상대 탓만 하게 되는 것이다.

아내가 임신을 하면 남편의 몸도 출산준비에 들어간다고 알려져 있다. 남성호르몬인 테스토스테론 수치는 떨어지고 유대감 호르몬인 프로락틴 수치가 올라간다는 것이다. 이때는 아기 울음에 민감하게 반응할 수 있도록 아빠의 청각까지 발달한다고 한다. 남편도 남자에서 아빠로 거듭날 준비를 시작한다고 볼 수 있다. 우리의 몸이 알아서 이런 변화를 일으키는 것만 봐도 자녀양육에 아빠가 필요한 것은 분명하다.

아빠 노릇도 헤맬 기회가 필요하다

남편과 나는 주말부부이다. 결혼 이후 죽 그래왔다. 그래서 딸이 태어난 이후 평일에 아이를 돌보는 일은 온전히 내 몫이었다. 일하랴, 아이 키우랴, 정신없이 살다 보면 금요일이 돌아왔는데, 그때가 되면 '이제 숨 좀 돌리겠구나' 하며 안도했다. 남편 역시 주말에 집에 오면 좀 쉬고 싶었을 테지만, 내게 주말 약속이 생기면 꼼짝없이 아이를 맡아야 했다. 당시 우리 부부의 규칙은 주말 약속을 먼저 잡는 사람이 주말 시간을 사용할 수 있는 우선권을 갖는 것이었다. 그렇게라도 숨 돌릴 기회가 필요했던 나는 가끔 없는 약속도 만들어가며 외출을 하곤 했다.

그럴 때 늘 따라다니는 질문이 "아기는요? 남편이 원래 아기를 잘 돌보나요? 제때 우유 먹이고 기저귀를 갈아주는지 걱정 안 되세요?"였다.

나는 처음부터 그런 걱정을 하지 않았다. 세상에 처음부터 잘하는 사람은 없다고 생각했기 때문이다. 나도 처음부터 엄마 노릇을 잘한 것은 아니었다. 남편도 내가 헤맸던 것처럼 실수를 반복하면서 깨닫게 될 것이라고 믿었다.

딸은 주말이면 아빠의 튼튼한 울타리 안에서 마음껏 뛰어다녔고, 내가 힘에 부쳐 못했던 놀이도 함께했으며, 내가 모르는 둘만의 비밀들도 하나둘 만들어나갔다. 자주 보지 못해서 생길 수 있는 서먹함 같은 것은 처음부터 없었다. 그런 시간 덕분에 지금도 남편과 딸은 여느 부녀지간보다 친밀한 관계를 유지하고 있다. 온 식구가 함께 외출할 때면 중학생인 딸아이는 아빠 옆구리에 딱 달라붙어 재잘재잘 수다를 떤다. 가끔 "엄마, 질투 나?"라고 묻는데, 질투는커녕 남편과 딸의 모습이 그렇게 보기 좋을 수 없다.

양성평등이 우리나라보다 앞서 있다고 알려진 스웨덴이나 미국에서도 자녀양육만큼은 아빠보다 엄마가 중심인 모양이다. 2012년에 우리나라에서 열렸던 '일·가정 양립정책 국제학술대회'에 참석한 스웨덴 스톡홀름 대학교의 아니타 뉘베리 교수는 〈한겨레21〉과의 인터뷰에서 "가정에서 아빠의 양육 참여를 방해하는 것이 아이러니하게도 엄마인 경우가 많다"라고 말했다. 엄마는 자녀가 필요한 것을 미리 알아서 챙겨주는 반면, 아빠는 직접적 개입을 자제하는 편이다 보니 아빠가 아이에게 관심을 가지고 있지 않거나 너무 수동적이라고 엄마들이 비판한다는 것이다. 미국 매사추세츠 공과대학교의 줄리 넬슨 교수도 인터뷰에서 같은 이야기를 했다.

자녀양육에서 아빠를 방관자로 만들지 않으려면 아이가 태어나는 순간부터 양육에 참여시켜야 하는데, 이때 엄마의 적극적인 지원과 응원이 필요하다. 손이 무디고 조심스럽지 못하다고 타박할 것이 아니라 "잘하고 있어요", "처음부터 잘하는 사람은 없어요", "당신은 정말 멋진 아빠이고 우리 아이는 복이 많은 아이예요"라고 추켜세워 주어야 한다. 엄마가 육아의 짐을 덜기 위해서가 아니라 아이에게 아빠가 필요하기 때문이다. 자녀의 행복과 심리적 건강, 삶의 만족도를 높여가는 데 아빠는 엄마와 비슷한 역할을 하거나 때로는 그 이상이라는 것을 기억해야 한다.

"물론 저도 육아에 참여하고 싶지요. 하지만 회사생활이 바빠서 시간 내기가 힘들어요."

아빠들이 흔히 하는 변명이다. 실제로 그렇게 바쁜 아빠들이 많은 것도 사실이다. 그런데 연구결과에 따르면 자녀와 얼마나 많은 시간을 보내느냐보다 짧은 시간이라도 그 시간을 어떻게 보내느냐가 더 중요하다. 아빠들이여, 자녀를 위해 짧은 시간이라도 좋으니 시간을 만들어보자. 그리고 엄마들은 가끔 자녀양육의 기회를 아빠에게 양보해주자. 그 누구도 아닌 내 아이를 위해서 반드시 그래야 한다.

3~7세, 자율성의 날개를 달아줘야 할 때

보상은 아이의 행동을 원하는 방향으로 이끌 수 있다.
하지만 보상이 사라지면
행동도 사라진다.

머리보다
자율성을 키우는 데
집중하라

영유아기는 몸으로 뛰어놀면서 자신을 둘러싼 세상에 대해 배워나가는 시기이다. 그런데 현실은 그렇지 못하다. 동덕여대 우남희 교수가 서울시교육청에서 주관한 '유아 적기교육 캠페인'을 통해 영유아기 자녀의 사교육 실태를 발표했다. 조사에 따르면 영아기 부모들의 34.6퍼센트, 유아기 부모들의 77.3퍼센트가 사교육을 시키고 있으며, 자녀가 출생한 후부터 현재까지 시킨 사교육 종류가 영아기는 평균 1.29개, 유아기는 평균 4.81개에 이르렀다. 유아기 부모 가운데 22개의 사교육을 시켰다고 응답한 사람도 있었다니, 영유아기 자녀를 둔 부모의 관심이 어디에 가 있는지 짐작할 만하다.

이런 현실과 달리 발달심리학자들은 7세 이전에는 '뇌 발달'이 아니라 신뢰와 자율성을 바탕으로 한 '인성'을 키워야 한다고 강조한다.

미국의 정신분석학자 에릭 에릭슨은 출생에서부터 노년기에 이르는 인간의 발달과정을 8단계로 구분하여 설명한다. 그는 각 단계에는 고유의 과제가 있는데, 각 단계의 위기를 성공적으로 해결하지 못하면 다음 단계의 삶에서 계속해서 문제가 일어날 가능성이 높다고 주장했다.

1단계인 출생부터 1세까지는 기본적인 신뢰감을 키워야 하는 시기이다. 세상은 믿을 만하고 안전한 곳이며 '네 주위에는 늘 너를 사랑하는 사람이 함께하고 있다'라는 기본적인 신뢰감을 주지 못하면 불안감을 키우게 된다.

2단계인 1세부터 3세까지는 적극적이고 능동적인 신체활동과 언어사용 능력이 커지면서 독립심과 자율성이 커지는 시기이다. 에릭슨은 자율성이 발달되지 않는 환경에서는 아이에게 수치심과 의심만 남게 된다고 했다.

3단계인 3세부터 5세까지는 주도성 발달이 핵심인 시기이다. 따라서 아이 스스로 할 수 있는 것은 허용해주어야 하고, 그 범위를 스스로 확대해갈 수 있도록 용기를 불어넣어야 한다. 물론 적당한 감독과 제재도 있어야 하지만, 그것이 지나치면 자신의 능력에 대해 좌절감을 느끼고 죄의식을 갖게 되므로 주의해야 한다.

에릭슨이 말하는 1세부터 5세는 우리나라 나이로 대개 3세에서 7세 시기이다. 흔히 말하는 '미운 세 살', '말썽쟁이 일곱 살'이 포함된다. 그만큼 아이의 자율성과 주도성이 높아지기 때문에 생긴 말일 것이다. 중요한 것은 이 시기에 자율성과 주도성의 싹이 제대로 자라지 못하면 나중에 성장시키기가 굉장히 어렵다는 것이다.

3~7세에 자율성이 가장 크게 성장한다

아이들의 자율성과 주도성이 크게 성장하는 시기는 3세부터 7세까지이다. 아동심리학자들은 이 시기의 경험이 아이의 인생 전반에 매우 큰 영향을 미친다고 말한다.

그런데 부모 입장에서는 "내가 할 거야!", "싫어!"라고 자기주장을 내세우고 고집을 부리는 아이를 키우는 게 쉽지가 않다. 앞서도 말했지만 "내가 할 거야!", "싫어!"라는 말은 아이의 몸과 마음이 정상적으로 잘 자라고 있다는 것을 알려주는 신호이다. 그런데 아이들의 이런 의사표현을 반항이나 버릇없음, 쓸데없는 고집, 떼쓰기 등으로 오해하는 부모가 많다. 부모의 잘못된 이해에서 나온 반응은 자칫 아이의 자율성과 주도성을 꺾을 수 있다. 따라서 이 시기의 부모는 아이의 의사표현에 대해 참고 기다려주는 노력이 필요하다. 아이가 반항하는 게 아니라 제대로 성장하고 있다는 증거이기 때문이다. 제재하지 않으면 아이가 다칠 가능성이 높거나 다른 사람에게 피해를 주게 되는 경우가 아니라면 아이의 의사나 행동을 수용해주어야 한다.

이 시기에 아이들은 스스로 계획하고 목표를 정해서 문제를 해결해가는 탐색능력을 집중적으로 개발하게 된다. 그 모든 활동의 원동력이 되는 호기심과 에너지를 "말썽만 부리고 다닌다"라거나 "쓸데없이 고집만 부린다"는 말로 억눌러버리면 아이가 세상을 탐색하고 생각하는 능력을 발달시키기 어려워진다. 다음 단계의 발달을 준비하는 대신 죄책감과 좌절감만 키워갈 수도 있다.

아이와 부모는 한 팀이다

당신은 자녀교육의 주체가 누구라고 생각하는가? 자녀교육의 주체는 부모만이 아니라 자녀도 포함된다. 자녀교육은 아이를 수레에 싣고 부모가 온 힘을 다해 수레를 끌고 달리는 짐 나르기 대회가 아니다. 아이가 어린 시기에는 부모가 방향을 정하고 그 방향에 맞춰 교육을 계획할 필요가 있다. 그렇다 하더라도 실제로 그 방향을 향해 달려 나가야 할 사람은 부모가 아니라 아이다.

부모는 때때로 마라토너의 페이스메이커처럼 조금 앞서 달려 나가면서 기준속도를 만들어준다거나 오르막길에서 수레를 끌고 올라갈 때 뒤에서 잠깐 밀어주는 역할을 해야 한다. 물론 페이스메이커 역할을 할 때는 달리는 속도와 자신이 빠져나오는 시점을 고려해야 하고, 수레 뒤에서 밀어주는 역할을 할 때는 힘 조절을 잘해야 한다. 아이의 속도는 시속 10킬로미터인데 부모가 30킬로미터로 달린다면 기록 단축의 효과는 보지 못할 것이다. 또한, 일정 거리만 함께 달려주어야지 42.195킬로미터 마라톤 풀코스를 함께 달려주는 것은 무의미하다. 수레를 밀어줄 때도 힘 조절을 잘 못해서 아이가 끌고 가는 힘보다 더 세게 밀어버리면 수레와 함께 아이가 넘어질 우려가 있다.

아이의 삶에 있어서 멋지게 완주해내야 하는 사람은 부모가 아니라 아이이다. 부모는 부모 자신의 삶을 멋지게 완주하는 데 주력하자. 아이는 오히려 부모가 살아가는 모습을 옆에서 보고 배우며 더 많이 성장한다.

먼저 가정에서 가르쳐라

자율성을 가르쳐야 할 곳은 가정이다. 유치원에서 배우겠거니, 학교에서 배우겠거니 하는 안일한 생각을 해서는 안 된다.

자기주도학습이 유행하다 보니, 학원에서도 자녀의 자기주도학습 습관을 잡아준다고 광고를 한다. 공부습관을 잡아준다는 학원 현수막도 눈에 띈다. 자기주도학습과 공부습관의 핵심은 아이의 자율성이다. 그런데 등 떠밀려서 간 학원에서 자기주도학습과 공부습관을 어떻게 잡아주겠다는 것인지 이해할 수 없다.

또한, 아이의 행동 하나하나를 잔소리로 간섭하고 통제하는 엄마가 창의성이나 주도성을 키워준다는 학원이나 프로그램을 찾아다니는 모습을 보면 아이러니가 아닐 수 없다. 끓는 물에 콩을 삶아 흙에 심어놓고 꽃이 언제 필까 기다리는 것과 똑같은 어리석음이다.

자율성에도 훈련이 필요하다

사회적으로 '힐링'이라는 말이 한참 유행했다. 심리학이 스포트라이트를 받는 현실을 보면서 우리가 심리적으로 기본욕구가 충족되지 않는 사회에 살고 있음을 절감하게 된다. 경제적으로는 풍요로워져서 육체적인 기본욕구는 충족되지만, 반대로 심리적인 기본욕구는 결핍된 사회인 것이다.

자율성은 인간의 기본욕구 가운데 하나이다. 자신의 행동이나 결정이 외부의 어떤 힘에 의하지 않고 스스로 선택했다고 느낄 때 우리는 행복감을 느낀다. 내가 하는 일이 좋아서 열심히 일하는 사람과 돈을 벌어야 해서 어쩔 수 없이 일하는 사람 중에서 누가 더 행복할까? 자신의 꿈을 이루기 위해 열심히 공부하는 아이와 부모가 강요해서 어쩔 수 없이 공부하는 아이 중에 누가 더 행복할까? 우리 주변에는 돈을 벌기 위해 어쩔 수 없이 일을 하는 사람, 시키니까 어쩔 수 없이 공부하는 아이들이 너무 많다. 그래서 행복하다고 말하는 사람보다 불행하다고 말하는 사람이 많은지 모른다.

자율성은 마음의 근육이기 때문에 훈련을 통해 더 강하게 만들 수 있다. 내 아이가 자신의 능력을 마음껏 꽃피워나가기를 바라고, 행복한 삶을 살기를 바란다면 어릴 때부터 자율성이라는 마음의 근육을 단련시켜야 한다. 나중에 그런 아이들은 부모가 강요하지 않아도 스스로 필요하다고 판단하면 공부도 열심히 한다. 평소 연습을 통해 근육을 키우지 않은 사람은 학교 운동장 한 바퀴 도는 것도 힘들지만, 근육을 탄탄하게 키운 사람은 마라톤 완주도 거뜬히 해내는 것과 같은 이치이다.

아이 인생의 주인은 부모가 아니다

당신이 생각하는 자녀교육의 목표는 무엇인가? 어릴 때부터 유난히 뛰어나서 남들에게 영재 소리를 듣다가 초등학교에 들어가서부터 대학 입학 때까지 줄곧 1등을 하고, 명문 대학에 입학하는 것인가? 남들이 모두 부러워하는 직업이나 직장을 갖고 돈을 많이 버는 것을 목표로 하는가?

물론 자녀를 키우는 부모 입장에서 아이가 똑똑하고, 공부도 잘하고, 부모 말도 잘 들었으면 하는 마음을 가질 수는 있다. 그렇다고 자녀교육의 목표를 1등 성적, 명문 대학, 좋은 직업이나 직장에 두어서는 안 된다.

아동기와 청소년기, 길게 잡아 직업이나 직장을 갖게 되기까지의 기간보다 그 이후 자녀가 살아야 할 인생이 더 길기 때문이다. 부모가 성인이 된 자녀의 모든 상황을 확인하면서 선택과 결정을 대신해줄 수는 없다. 결국 자녀는 자기 인생의 주인으로 자신의 길을 가야만 한다. 그래서 혹자는 '놓아주는 사랑'도 부모의 사랑이라고 말했을 것이다.

어린 시절은 부모의 품을 벗어나 자신만의 길을 달려 나갈 때 꼭 필요한 능력을 갖춰가야 하는 시기이다. 자신의 능력을 믿고 스스로 계획하고 결정해서 실천해나가는 능력이야말로 아이가 자기 삶의 주인이 되는 핵심능력이다.

아이들은 태어나서부터 7세까지의 정서를 기반으로 평생을 살아간다고 한다. 그렇다면 이 시기에 가졌던 부모의 교육철학과 자녀교육의 목표가 아이 인생을 지배할 수도 있다는 말이 된다. 때문에 부모는 양육과정에서의

시행착오를 최대한 줄여야 하고, 그 방향이 잘못되지 않았는지를 늘 살펴야
한다.

아이를 믿고 맡겨라

'아이의 자율성을 어떻게 키울까?'에 대한 해답은 자율성에 대한 올바른
이해에서부터 시작된다. 자율성이 무엇인지를 제대로 알면 부모의 역할이
분명해지기 때문이다.

앞서도 말했다시피, 자율성은 스스로 선택하고 스스로 행동할 뿐만 아니
라 스스로 통제하는 것이다. 자율성과 방임은 분명히 다르다. 스스로 선택
할 수 있는 자유를 주는 것이 자율성인 것은 맞지만, 그렇다고 스스로 행동
하고 스스로 통제한다는 기준 없이 무엇이든 마음대로 선택하게 놔두는 것
은 방임이다. 그 분명한 기준을 알고 있다면 다음은 방법론만 남는다. 아이
의 기질이나 특성을 파악해서 부모의 교육관과 실정에 맞춰 응용해나가면
되는 것이다.

아이의 자율성을 북돋워주는 방향과 방법을 고민할 때는 애드워드 데시
교수의 '자율성의 3단계 구조'를 알아두면 좋다. 그는 '자신에 대한 명확한
기대', '적절한 도전의식', '자신이 어디까지 향상되고 있는지에 대한 피드백'
이 있어야 자율성이 유지, 강화된다고 말했다. 사람은 기본적으로 성장과
발전, 성취에 대한 욕구를 갖고 있다. 따라서 부모는 자녀를 믿어야 한다.

그래서 아이 스스로 자신에 대해 기대하도록 돕고, 도전의식을 키우도록 북돋우고, 어디까지 향상되고 있는지 적절한 피드백이 이루어지도록 도와야 한다. 부모의 믿음 속에서 아이는 스스로 선택한 일에서 최고의 능력을 발휘하며 성장해갈 것이다.

아이에게
경험은
최고의 선생님

    놀이터에 나가면 아이들을 데리고 나온 엄마들을 만날 수 있다. 아이들은 놀이터에서 뛰어놀고 엄마들은 삼삼오오 벤치에 앉아 이야기꽃을 피운다. 그 옆에 있다 보면 가장 자주 듣게 되는 말이 "안 돼! 하지 마!"다.

    "모래놀이는 하지 말랬잖아. 그 모래에 유해물질이 얼마나 많은지 알아?"

    "정글짐에 그렇게 높이 올라가면 안 돼. 떨어지면 어쩌려고 그래?"

    "그네는 앉아서 타야지. 서서 타면 위험해."

    엄마들은 쉴 새 없이 아이들의 놀이를 간섭하고 통제한다. 그럴 거면 도

대체 왜 놀이터에 데리고 나왔을까 싶을 정도이다. 물론 안전하게 놀아야 하는 것은 맞다. 하지만 엄마의 지나친 간섭은 아이를 소극적으로 만든다. 부모의 간섭이 많은 아이들은 활동반경이 좁아질 수밖에 없어서 그만큼 경험의 폭도 좁아진다.

이런 상황이 반복되다 보면 엄마가 뭐라 하기 전에 아이들 쪽에서 엄마에게 묻기 시작한다. 일일이 묻고 나서 엄마가 하라는 대로 움직이는 것이다.

"엄마, 모래놀이 해도 돼?"

"엄마, 정글짐은 몇 칸까지 올라가면 돼?"

"엄마, 그네 이렇게 타면 되는 거야?"

아이들은 끊임없이 엄마에게 자신의 선택이 맞는지를 확인받는다. 그렇게 사사건건 물어보고 확인받고 나서 행동하게 키운 엄마들은 머지않아 이런 한탄을 늘어놓게 된다.

"왜 우리 아이는 제가 꼭 시켜야 움직일까요?"

"왜 우리 아이는 스스로 알아서 아무것도 하지 못하는 거죠?"

삼겹살집에서 고기 굽는 불판에 자꾸만 손을 갖다 대려는 아이가 있었다. 아빠가 그러다가 델 수 있다고 몇 번이나 주의를 주었지만, 아이의 손은 자꾸만 불판 쪽으로 갔다. 참다못한 아빠가 아이의 손을 확 끌어당겨 불판에 손가락 끝이 닿게 했다. "앗 뜨거" 했던 아이는 다시는 불판 쪽으로 손을 움직이지 않았다. 아빠의 행동이 다소 지나쳤던 것은 사실이지만, 아이에게 경험만큼 좋은 선생님이 없다는 것을 보여주는 단적인 장면이다.

잔소리, 안 하는 것만 못하다

아이 문제를 상담해오는 엄마에게 "목숨 걸린 일이 아니면 아예 아무 소리도 하지 마세요"라고 말할 때가 있다. 아이들은 경험을 통해서 배운다. 아이가 잔소리로 받아들일 말이라면 차라리 아무 말도 하지 않는 편이 낫다. 경험이라는 좋은 선생님에게 맡기면 더 잘 배울 것이기 때문이다.

옆에서 볼 때 좀 심하다 싶을 만큼 아이에게 잔소리를 하는 엄마가 있었다. 어느 날인가 와서는 아이가 점점 더 자기 말을 귓등으로도 안 듣고, 방법을 알려줘도 도통 따르지를 않아 고민이라고 했다. 이때도 나는 목숨 걸린 일이 아니면 아무 말도 하지 말라고 조언했다. 그랬더니 다음날 다시 찾아왔다.

"어제 아이가 식탁에 앉아서 물컵을 가지고 까딱까딱 장난을 치는데, 그러다 잘못하면 컵 떨어뜨린다고 한 소리 할까 하다가 꾹 참았거든요. 아니나 다를까 제 예상대로 컵을 떨어뜨려서 와장창 깨트렸어요. 어쩜 우리 애는 제 예상을 한치도 벗어나지 않는지 모르겠어요."

"그래서 어떻게 했어요?"

"뭘 어떻게 해요? 꽥 소리 지르고 혼을 냈죠."

경험을 통해 아이를 가르치고 싶다면 "~해라", "~하지 마라"라는 말을 하지 말아야 한다. 그리고 아이의 행동이 부모가 예상했던 대로 사고로 이어지더라도 "이번 일로 네가 좋은 교훈을 얻었으면 좋겠구나" 하는 말도 되도록 삼가야 한다. 경험의 효과를 얻기는커녕 또다시 엄마의 말을 잔소리로 받아들이거나 반항심을 키울 수 있기 때문이다.

물론 옆에서 바라보는 부모 입장에서는 경험을 통한 배움의 효과가 몹시 더뎌 보일 것이다. 효과가 있기는 한 건지 의심스러울 수도 있다. 아이는 똑같은 실수를 몇 번이나 반복할 것이다. 그렇더라도 꾹 참고 인내하면서 기다려야 한다. 말 그대로 기다림의 미학을 즐길 수 있어야 한다. 기다릴 줄 아는 부모만이 아이의 자율성과 책임감, 문제해결력을 키워줄 수 있다.

미리 예상되는 결과를 설명해줘라

경험이 선생님이라고 해서 모든 일에 대해 무작정 기다려줘야 한다는 말은 아니다. 아이가 경험이 없어 미리 예측하지 못하는 일이나 경험에 따른 결과가 너무 늦게 나타나는 경우, 큰 위험에 처하거나 다른 사람에게 피해를 주는 경우에는 미리 예상되는 결과를 설명해주어야 한다.

예컨대, 텔레비전을 너무 가까이에서 보면 눈이 나빠진다거나, 이를 닦지 않으면 충치가 생긴다거나 하는 일은 결과가 너무 늦게 나타나는 경우이다. 아파트 발코니 창틀에 몸을 기대고 바깥을 내다본다거나 칼을 가지고 장난을 치는 등의 행동은 자칫하면 위험에 처할 수 있다. 이런 행동들까지 제지하지 않는 것은 방임에 속한다.

한편, 식당이나 공공장소에서 마구 뛰어다니거나 길거리에서 물총놀이를 하는 행동은 다른 사람에게 피해를 주게 된다. 어린아이들은 자신의 행동이 남들에게 어떤 피해를 주는지 잘 모르고, 예측하기도 힘들다. 따라서 부모가 마땅한 방식을 찾아 제지를 하는 것이 맞다.

이럴 때 사용할 수 있는 마땅한 방식이란 무엇일까? 그것은 아이의 행동으로 인해 벌어질 수 있는 결과를 미리 얘기해주고, 적절한 대안을 제시한 후에 아이에게 선택하게 하는 것이다. 아이는 부모가 제시한 대안을 통해 올바른 행동이 어떤 것인지를 알고, 자신의 행동이 어디까지 허용되고 왜 그래야만 하는지를 깨닫게 된다.

예를 들어, 아이가 길거리에서 물총을 쏘아대고 있다고 하자. 먼저 아이가 물총을 더 이상 쏘지 못하도록 앞에 마주 선다. 이때 눈높이를 맞추기 위해 엄마가 몸을 굽히는 것이 좋다.

"길가에서 물총을 쏘면 지나가는 사람들이 그 물을 맞을 수 있어. 길을 가다가 갑자기 물에 맞는다면 너는 기분이 어떨 것 같니?"

"……."

"엄마한테 물총을 맡기든가, 네가 얌전히 들고 가든가 선택해. 어떻게 할래?"

아이가 물총을 쏘지 않고 얌전히 들고 가겠다고 대답한다면 그러라고 한다. 그런데 잠시 약속을 지키는 것 같더니 다시 물총을 쏘아대기 시작한다면 잔소리를 늘어놓거나 큰소리로 혼낼 것이 아니라 조용히 물총을 회수하면 된다.

"네 행동을 보니 엄마한테 물총을 맡기는 쪽을 선택한 모양이구나. 물총은 집에 가서 줄게."

여기에서 포인트는 엄마가 물총을 맡게 된 것이 아이의 선택에 따른 것이라는 인식을 남겨주는 것이다. 그래야 아이는 자율성을 침해당했다고 생각하지 않는다.

추운 겨울날, 서랍 한구석에서 반팔 티셔츠를 찾아 입은 아이가 그대로 유치원에 가겠다고 고집을 부린다고 하자. 속이 부글부글 끓더라도 안 된다고만 말할 게 아니라 우선 아이에게 정보를 주는 게 좋다.

"지금 바깥은 아주아주 추워. 엄마는 네가 감기에 걸려서 아픈 주사를 맞아야 할까 봐 걱정돼. 어떻게 하면 좋겠니?"

다른 옷으로 갈아입겠다고 하면 다행이지만 "두꺼운 점퍼를 입으면 돼"라고 고집을 부릴 수도 있다. 이때는 아이의 선택을 받아들이는 것이 좋다. 스스로 경험해서 배울 수 있는 기회를 주는 것이다. 두꺼운 점퍼를 벗으면 춥고, 입으면 활동이 불편한 것을 직접 경험하고 나면 다음번에는 다른 판단을 하게 될 것이기 때문이다.

아이가 보내는 숨은 메시지를 읽어라

서너 살짜리 아이를 둔 엄마들은 "아이가 누워있을 때가 그나마 행복했어요. 몸은 그때가 더 힘들었지만 마음은 더 편안했던 것 같아요"라는 말을 많이 한다. 고집을 부리기 시작하면 꺾을 재간이 없고, 어찌나 쉴 새 없이 말썽을 일으키고 다니는지 "이런 말썽쟁이 같으니라고!" 하며 등짝을 한 대때려주고 싶을 때가 한두 번이 아니다. 이 시기의 아이들은 모두 똑같다. 순한 아이도 예민한 아이도 마찬가지다. 그래서 "착하고 얌전하고 순한 아이는 옆집 아이뿐이다"는 말도 생겼을 것이다.

아이들이 이렇게 부모와 대립하는 이유는 자신의 사회적 욕구를 충족시키기 위해서다. 사회적 욕구는 아무리 어린아이라도 가지고 있는 생존욕구이다. 갓난아기가 천사처럼 웃는 이유도 자신을 보호하기 위해서라고 하지 않는가. 어린아이들은 기본적으로 다른 사람의 관심을 받고 자신도 영향을 미치면서 이를 통해 보호와 격려라는 안전한 울타리를 얻고자 한다. 아이들이 말썽을 일으키고, 떼를 쓰고, 부모 말에 청개구리 기질을 보이는 이유도 같은 이유에서다. 부모의 관심을 얻기 위해서, 내가 부모에게 영향을 미치고 있다는 것을 확인하기 위해서, 자신이 안전하게 보호받고 있다는 것을 확인하기 위해서 그런 것이다. 따라서 아이들이 보이는 행동만 보고 말썽쟁이, 떼쟁이, 청개구리로 몰아서는 안 된다.

아이가 보내는 숨은 메시지를 읽기 위해서는 아이에게 자유의지가 있음을 인정해야 한다. 내 아기, 내 자식이 아니라 한 사람의 인간으로 인정해야 하는 것이다. 그 다음에는 아이가 어떤 목적을 가지고 그런 행동을 하는지를 부모인 자신에게 물어봐야 한다. 단순히 부모의 화를 돋우기 위해 못된 행동을 하는 아이는 세상에 없다. 화를 돋우려는 목적으로 보이는 행동에는 아이의 충족되지 않은 소망이 숨어있다. 아이가 괴팍한 행동을 하거나 심술을 부릴 때 부모들은 흔히 이렇게 말한다.

"말을 해, 말을! 도대체 원하는 게 뭐야?"

하지만 어른들도 자신의 감정을 논리정연하게 차근차근 설명하지 못할 때가 많다. "내가 왜 이러는지 정말 모르겠어"라고 말할 때가 부지기수인데, 사고력과 판단력, 언어표현력을 이제 막 키우기 시작한 아이들이야 말할 나위가 없다.

부모는 아이가 말로 표현하지 못하는 메시지를 행동에서 읽어내야 한다. 아이의 행동에 흥분하는 것은 금물이다. 마음을 잘 다스려서 부모는 양쪽 모두에게 도움이 되는 해결책을 찾아내야 한다.

아이의 감정을 읽어주는 것은 자율성과도 깊은 연관이 있다. 기본적으로 자율성은 자신의 생각이나 의견, 행동을 지지받을 때 꽃피워지기 때문이다. 아이는 부모가 자신의 감정을 지지해준다고 느끼면 자기확신이 커지고, 그만큼 자율성도 커진다.

부담을 주는 격려는 진짜 격려가 아니다

어른들도 그렇지만, 아이들은 때때로 의기소침해진다. 그럴 때는 평소에 잘해오던 일도 '난 못해', '난 안 돼' 하는 생각을 하게 되고, 자꾸 꾸물거리게 된다. 그러면 많은 부모들이 "바쁜데 왜 그렇게 굼떠? 이리 와 봐. 엄마가 해줄게"라며 대신해준다. 한두 번이야 괜찮지만 이것이 반복되면 부모가 모든 것을 처리해주는 마마보이, 파파걸이 될 수 있다. 또한, 아이는 '역시 나는 안 돼' 하는 생각을 학습하게 되어 점점 더 자신감이 없어지고 자율성을 잃게 된다.

평소에 혼자서 옷을 잘 입던 아이가 갑자기 못 입겠다면서 엄마에게 입혀 달라고 한다면 어떻게 해야 할까? 이때는 '쟤가 갑자기 왜 저래'라고 할 것이 아니라 '아이가 의기소침해졌구나'라고 생각하고, 시범을 보여주면 좋다. 아이 옷과 비슷한 옷을 가져와서 아이에게 차례차례 입는 법을 보여주면서 스스로 입을 수 있게 도와주는 것이다. 마치 종이비행기 접기 시범을 보여주듯이 말이다.

인기를 끌고 있는 TV 프로그램 '아빠 어디가'에서 윤민수의 긍정 교육법이 화제가 되었다. 두 발 자전거를 배워야 하는 상황에서 평소에 네 발 자전거만 타던 아들 윤후는 "잘 못 탄단 말이야", "못 하겠어"라고 자신 없는 모습을 보였다. 이때 윤민수는 "아빠도 처음에 두 발 자전거 배울 때 많이 넘어졌어. 누구나 다 그렇게 시작하는 거야"라고 응원했다. 윤후가 두 발 자전거를 타다가 넘어져 울음을 터트렸을 때에도 "너 아까 되게 잘 탔어. 어떻게 탄 거야?"라는 말로 격려해주었다.

어른도 새로운 일 앞에서는 실패할까 봐 두렵다. 피할 수 있다면 피하고 싶은 것은 인지상정이다. 아이들도 마찬가지다. 아이는 실패할까 봐 불안하고, 스스로 무능한 것처럼 느껴져 의기소침해져 있다. 이때 부모의 반응이 아주 중요하다. 아이에게는 "실패해도 괜찮아. 넘어져도 괜찮아. 엄마 아빠가 언제나 네 곁에 있을 거야"라는 격려와, "한 번 해서 안 되면 두 번 하면 되고, 두 번해서 안 되면 세 번 도전하면 돼. 괜찮아"라는 응원의 메시지가 필요하다. 혹시라도 부모가 "그것도 못하고, 너 대체 나이가 몇 살이야?"

하는 반응을 보이게 되면 아이는 더더욱 자신을 믿지 못하게 되고, 의기소침해진다.

사람은 누구나 약점이 있다. 문제는 약점이 아니라 그 약점을 대하는 방식이다. 긍정적인 부분을 격려하지 않고 부정적인 면에만 집중하고 들춰내면 오히려 약점이 강화되는 역효과가 나타나게 된다. 아이의 강점은 키워주고 약점에는 관대해질 필요가 있다. 아이가 실수를 반복하거나 어떤 일에 진전이 없다면 더더욱 격려가 필요하다. 단, 격려가 오히려 아이에게 부담이 되지 않도록 조심해야 한다. 그런 면에서 볼 때, 다음과 같은 격려는 안 하니만 못하다.

"실수는 누구나 하는 거야. 다음부터는 실수하지 않도록 조심해."

"열심히 하고 있는 네가 자랑스럽구나. 분명 1등은 네가 할 거야."

"누구나 처음엔 서툰 거야. 곧 누구보다 잘하게 될 거니까, 걱정 마."

"많이 속상했지? 그 속상한 마음 잊어먹지 말고, 다음엔 더 잘해야 한다."

"잘했어. 앞으로는 이보다 더 잘할 수 있지?"

격려의 말에 부모의 초조함이나 욕심, 비교가 들어가면 아이들은 오히려 상처를 받게 된다. 이것들을 올바른 격려의 말로 바꿔보자.

"실수는 누구나 하는 거야. 괜찮아."

"열심히 하고 있는 네가 자랑스럽구나."

"누구나 처음엔 서툰 거야. 계속하다 보면 어느 순간 '어, 저절로 되네!' 하는 순간이 찾아온단다."

"많이 속상했겠구나. 네 속상한 마음을 이해한단다."

"잘했어!"

잘못된 격려와 올바른 격려의 차이를 느낄 수 있을 것이다. 그 포인트는 딱 지금의 실수, 지금의 성과, 아이 자신의 성취에 대해서만 격려하는 것이다. 더 잘하라고 하는 것은 격려가 아니라 협박이라는 것을 기억하기 바란다.

아이의
자율성을
꺾는 부모들

    친정에 갔다가 고구마 한 박스를 얻어온 적이 있다. 박스를 들려는 나를 일흔이 다 되신 친정어머니가 말리며 "내가 차까지 들어다 주마"라고 하셨다. 마흔이 넘은 자식인데 부모 눈에는 어린아이 같았던 모양이다. 하물며 어린아이를 키우는 부모의 마음은 오죽하겠는가.

    '숟가락질을 혼자 하면 입으로 들어가는 밥보다 흘리는 양이 더 많을 텐데.'

    '저러다 물컵 떨어뜨려서 다치면 어쩌지?'

'밥을 안 먹으면 배 고플 텐데.'

'만들기를 엉망으로 해가면 유치원 친구들한테 놀림당하지 않을까?'

'받아쓰기에서 100점을 못 맞으면 아이가 상처받을 텐데.'

이런 마음은 어느 부모나 가질 수 있는 마음이다. 문제는 이런 마음이 행동으로 이어질 때 발생한다. 예를 들면, 아이의 숟가락을 뺏어서 직접 떠먹여주고, 물컵을 떨어뜨릴까 봐 아이가 물을 마시는 동안 컵을 잡아주고, 아이 꽁무니를 따라다니며 사정해서 밥을 먹이고, 만들기 숙제를 대신해주고, 밤늦게까지 받아쓰기 연습을 시키는 것이다.

물론 부모는 아이를 위해서 그러는 것이라고 말하겠지만, 효과는 부모가 기대한 것과 달리 엉뚱한 방향으로 나타난다. 부모의 행동들이 아이에게 '엄마는 너를 믿을 수 없어. 믿을 수 없는 너 때문에 엄마가 상처받고 싶지 않아'라는 메시지를 전달하게 되는 것이다.

'너는 숟가락질을 제대로 할 수 없을 거야. 너를 믿을 수 없어.'

'너는 물컵을 혼자 들고 마실 수 없어. 그러다 떨어뜨리면 너도 다치지만, 엄마도 힘들어.'

'배고프지 않다는 네 말을 믿을 수가 없어.'

'네가 만들면 엉망으로 만들어질 게 분명해. 그러면 넌 친구들한테 놀림당할 거고, 엄마 자존심도 구겨질 거야.'

'너는 받아쓰기를 잘하지 못할 게 분명해. 그럼 너도 상처받겠지만, 엄마도 고개를 들고 다닐 수가 없어.'

물론 부모의 본심은 그렇지 않을 것이다. 그러나 모든 것을 부모가 대신해주거나 대신해줄 사람을 찾아주는 상황이 반복되면 아이들은 결국 이런 의미로 받아들이게 된다. 그 결과는 자신감 부족이라는 심각한 부작용으로 이어진다.

아이의 요구를 무조건 들어주는 부모

아이를 즐겁고 행복하게 키우고 싶은 부모의 마음을 이용해서 스스로 아무것도 하지 않으려는 아이들이 간혹 있다. 스스로 할 수 있는 일인데도 부모에게 미루는 것이다. 아무리 "네가 할 수 있잖아"라고 해도 끝까지 할 수 없다면서 잡아뗀다. 물론, 실제로 아이가 할 수 없을 때도 있지만 스스로 할 수 있는데도 엄마의 보살핌을 요구하는 경우도 있다. 뜻대로 되지 않으면 떼를 쓰거나 위협을 가하는 경우도 있다.

"한번은 '엄마, 진짜 엄마 맞아?'라고 말하는 거예요. 어린이집 친구들은 아침에 일어나면 엄마가 씻겨주고, 옷 입혀주고, 먹여주고, 신발 신겨주고 다 해준다는데, 자기는 왜 안 해주냐고 하더라고요. 스스로 하라고 너무 강요했나 싶어서 요즘은 못 이기는 척 그냥 해주고 있어요."

"해달라는 대로 해주지 않으면 드러누워서 바닥을 뒹굴고 고래고래 소리를 지르고 난리도 아니에요. 그 꼴을 보고 있느니, 그냥 해주는 게 속편해요."

아이들은 욕구에 충실하고, 그 욕구를 표현하는 데도 솔직하다. 게다가 영리하기까지 하다. 아이를 키우다 보면 '이 조그만 아이랑 내가 두뇌싸움을 하고 있구나' 싶을 때가 자주 있다. 아이들은 엄마의 아킬레스건을 건드릴 줄도 알고, 어떻게 해야 자신의 요구를 관철시킬 수 있는지도 알고 있다.

'서면 앉고 싶고, 앉으면 눕고 싶다'는 말이 있듯이 귀차니즘은 인간의 본능인지도 모른다. 그러니 스스로 잘하던 아이가 한두 번 귀차니즘이 발동해서 꾀를 부린다면 받아줄 필요가 있다. 하지만 도가 지나쳐서 매번 같은 상황이 반복되면 문제가 된다. 부당하고 불필요한 요구까지 모두 들어주게 되면 아이는 모든 것을 부모에게 의지하게 되고, 점점 더 나약해지고 게을러진다. 결국 스스로 뭔가를 해보겠다는 의지 자체가 사라질 수 있다.

그런 아이들은 단체생활이나 사회생활을 할 때 문제가 발생하기 쉽다. 중국의 한자녀 정책이 낳은 소황제신드롬 이야기를 들어봤을 것이다. 풍요로운 가정에서 부모의 절대적 지지와 과보호를 받으며 성장하는 중국 아이들이 소황제신드롬이라는 말로 소개되었을 때 우리나라의 많은 사람들이 혀를 끌끌 찼다. 그런데 요즘 우리나라를 보면 중국의 소황제신드롬과 다를게 없다. 중국의 소황제 세대는 무례하고, 이기적이고, 단체생활에 적응하지 못하고, 낭비가 심하고, 결혼 후에도 부모에게 의지하는 것 등이 특징이다. 아이가 뭔가를 요구할 때마다 무조건 "오냐, 오냐" 다 들어주다가는 머지않아 중국의 소황제 세대를 우리 눈앞에서 만나게 될 것이다.

시키는 일만 잘하는 '착한 아이'로 키우는 부모

흔히 '시키는 일'을 잘하면 착한 아이라고 말한다. 그래서 말 안 듣는 아이를 버거워하면서 "옆집 아이는 엄마가 시키는 대로 잘만 따라오던데", "친구 딸은 엄마 말을 그렇게 잘 듣던데"라며 부러워한다.

아이가 말을 듣지 않으면 일단 목소리가 커진다.

"잔말 말고 엄마가 시키는 대로 좀 해!"

"어떻게 한 번도 '예' 하고 따라주는 법이 없니?"

말로 안 되면 회초리라는 최악의 방법을 택하기도 한다. 그렇게라도 해서 말 잘 듣는 아이, 시키면 시키는 대로 하는 아이로 키워야 한다고 믿는 부모들이 많다. 지금 아이가 원하는 것은 중요한 것이 아니고, 이대로 놔두면 앞으로 크게 잘못될 것이라고 생각하기 때문이다.

어린아이의 생각은 미숙하고, 성인인 자신의 판단이 옳다고 생각하는 부모들은 아이에게 생각할 기회, 선택하고 결정할 기회를 주려 하지 않는다. 오직 지시하고 통제할 뿐이다.

"숙제해, 지금 당장!"

"컴퓨터 꺼!"

"이 닦아!"

"퍼즐은 바깥부터 맞춰 나가는 거야."

"장난감은 네 방에서만 갖고 놀아!"

"왜 매번 블록만 갖고 노니? 책 좀 읽어!"

지시를 했는데도 그대로 따르지 않으면 비난하는 말이 이어진다.

"숙제도 제대로 안 해가니까, 선생님이 너를 문제아 취급하지."

"컴퓨터게임만 하니까, 성적이 그 모양이지."

"내가 너한테 대단한 걸 시켰니? 자기 전에 양치질하라는 것도 제대로 못해?"

"왜 매번 가르쳐줘도 퍼즐 하나 딱딱 못 맞추니?"

"네 장난감 치우느라 엄마가 얼마나 힘든 줄 아니?"

"네가 어린애야? 허구한 날 블록만 갖고 놀게?"

그리고 비난 가지고도 통하지 않으면 어김없이 위협과 협박 어린 말이 이어진다.

"혼날 줄 알아."

"지금 할래? 맞고 할래?"

"당장 숙제하러 가지 않으면 오늘 컴퓨터게임 못할 줄 알아."

위협하고 협박해서 아이를 움직이게 하는 부모들이 많다. 실제로 통할 때가 많은 것이 사실이다. 처벌을 피하기 위해 어쩔 수 없이 복종하게 되기 때문이다. 그런데 이때 아이들의 마음속에서 '스스로'라는 동력이 사라진다는 것을 알아야 한다.

물론 부모의 요구가 옳을 가능성이 높다. 경험이 부족한 아이에 비해 결과를 예측하는 능력이 더 뛰어나기 때문이다. 하지만 여기서 부모들이 놓치고 있는 것이 하나 있다. 시키는 대로만 잘하는 아이는 자율성 없는 아이로 자라게 되고, 장기판의 장기알이 된다는 것이다. 장기판의 장기알은 자기를 옮겨주는 사람의 손길이 없는 한 그 자리에서 움직일 수 없다.

'보상'으로 길들이는 부모

아이들에게 동기부여를 할 때 가장 많이 사용되는 방법이 보상이다. 착한 일을 할 때마다 칭찬스티커를 붙여주고 20개를 모으면 원하는 선물을 사준 다거나 특정 목표를 달성했을 때 원하는 뭔가를 사주는 방법이다.

행동주의 심리학자인 스키너는 보상이 행동을 강화한다고 주장했다. 특정 막대를 누르면 먹이가 나온다는 것을 알게 된 쥐가 계속해서 그 막대를 이용해 먹이를 얻게 되는 것처럼 말이다. 하지만 스키너 자신도 인정했던 점이 있다. 긍정적 강화가 어떤 행동의 빈도를 높이는 것은 사실이지만 강화를 멈추면 행동의 빈도가 떨어진다는 것이다. 이 말은 곧 보상이 자녀의 행동을 원하는 방향으로 이끌 수는 있지만, 보상이 사라지면 행동도 하지 않게 된다는 의미이다. 이 이론대로라면 아이는 보상이 없을 때는 스스로 움직이려 하지 않을 것이다.

행동주의 심리학자들의 주장에 의문을 품고 자기결정성 이론을 연구한 에드워드 데시 교수의 실험 역시 '보상'이라는 사탕이 아이에게 독약이 될 수 있음을 말해준다. 데시 교수는 무보수로 일해오던 학교 신문사 기자들에게 한동안 돈을 지급하다가 어느 순간부터 지급을 중단했을 때 그들의 활동 동기에 어떤 변화가 오는지를 관찰했다. 무보수였던 기자들에게 돈을 지급하면 더 열심히 활동하게 될 것이라고 예측했지만, 결과는 그렇지 않았다. 무보수로 봉사해오던 기자들은 돈을 지급받기 시작하면서 활동에 점점 흥미를 잃어갔다. 게다가 갑자기 보수가 중단되자 상황은 더욱 악화되었다.

자원봉사도 마찬가지다. 취리히 대학교의 연구팀이 금전적 보상과 자원봉사 간의 관계에 대해 연구분석했는데, 보상을 받지 않는 그룹의 한 달 봉사시간이 14시간 이상이었던 데 비해 금전적 보상을 받는 그룹은 12시간이 채 되지 않았다. 결과적으로 보상은 내적동기를 파괴한다고 볼 수 있다.

부모의 보상을 약속받은 아이들의 뇌는 무의식적으로 이런 생각을 하게 된다.

'성적을 잘 받으면 용돈을 받을 수 있단 말이지? 그렇다면 공부는 재미없는 일이 분명해. 아니면 보상을 받아야 할 만큼 가치 없는 일이거나.'

보상에 대한 약속 때문에 효과를 보기도 하지만, 그것은 단기적인 효과에 불과하다. 또한, 진정한 내적동기부여의 방법이 될 수 없다. 아이들에게 경제관념을 가르치기 위해 집안일을 도우면서 스스로 용돈을 벌게 하는 부모들이 있다. 심부름을 하면 300원, 쓰레기를 갖다 버리면 500원, 설거지를 하면 1,000원 식으로 규칙을 정해 어떤 집안일을 했느냐에 따라 용돈을 주는 것이다. 세계적인 거부인 빌 게이츠와 워런 버핏도 자녀에게 이런 방식으로 용돈을 주었다고 하니 경제관념 교육에는 적당한 방식인 모양이다. 하지만 자율성 교육에는 독으로 작용할 수 있다. 금전적 보상을 멈추면 아이는 집안일을 할 이유가 없다며 거부하게 될 것이기 때문이다.

무엇인가를 열심히 하고자 하는 욕구는 보상이 아니라 충만한 내적동기에서 나온다. 매번 보상을 내걸어 행동하게 하면 보상이 없을 때는 아무것도 하지 않으려 들 것이고, 결국 뭔가를 해보고 싶다는 의욕마저 사라지게 할 수 있다.

끊임없이 경쟁으로 내모는 부모

언젠가부터 우리 사회를 발전시키는 원동력이 경쟁이라고 믿는 사람들이 많아졌다. 부모들은 아이들에게도 끊임없이 줄 세우기를 강요한다. 심지어 영유아기에도 '내 아이가 앞서가야 한다'는 조급증에 아이를 경쟁대열에 세운다. 옆집아이보다 내 아이가 먼저 한글을 깨쳐야 한다면서 세 살짜리 아이에게 'ㄱ, ㄴ, ㄷ, ㄹ'을 가르친다. 그러면서 이렇게 변명한다.

"현실이 그러니 어쩔 수 없잖아요."

이 말 앞에서는 부모들의 교육철학도 무용지물이 되는 것 같다.

그렇다면 경쟁 대열로 등 떠밀려 들어간 아이는 어떤 생각을 할까? '더 잘해야지. 뭔가를 배우는 일은 정말 재미있어'라고 생각하며 자율적인 동기부여를 해나갈까? 그렇지 않다. 오히려 아이들의 머릿속에는 '엄마가 실망하면 어쩌지?', '내가 잘 못하면 어쩌지?', '다른 아이보다 뒤떨어진다고 엄마가 나를 싫어하면 어쩌지?'와 같은 불안감이 자라면서 신뢰감과 자율성, 주도성 대신 불안감과 수치심, 죄책감만 자리잡게 된다.

아이들의 올바른 성장을 위해서는 경쟁의 쳇바퀴 속에서 빼내야 한다. 무조건 이겨야 잘살 수 있는 것은 아니다. 한글을 일찍 깨치고 알파벳을 먼저 익힌 아이가 학교에 들어가서 1등을 하는 것은 아니다. 또, 학교에서 1등만 했다고 사회에 나가 꼭 성공하는 것도 아니다. 그런 실례는 우리 주변에 수도 없이 많다. 이겨야 잘 성장하는 것이 아니고, 잘 성장해야 이길 수 있다. 어떤 것이 진정으로 이기는 것인지, 어떤 삶이 진정 성공적인 삶인지는 의견이 분분할 수 있지만, 어쨌든 잘 성장한 아이, 지금 행복한 아이가 결국은 행복한 삶을 살 수 있다는 것은 분명하다.

무조건적인 허용은
자율성을
해친다

최근 들어 자녀에게 과도하게 자유를 허용하는 부모들이 많아지고 있다. 아이가 하고 싶어하는 것을 못하게 타이르거나 가로막으면 위축되고 자신감을 잃을 수 있다는 것이 그 이유이다.

마을도서관 일을 할 때 만난 엄마와 아이가 있다. 그 모자는 둘도 없는 친구처럼 보였다. 책을 고를 때도 아이의 의견을 충분히 묻고 들어주는 모습이 인상적이었다. 그런데 둘째가 태어나 아이를 어린이집에 보내면서 문제가 발생했다. 어느 날 선생님과 면담을 했는데, 아이가 다른 아이들과 잘 어울리지 못하고 툭하면 운다는 것이었다. 그 엄마가 도서관에 와서 내게 상담을 청했는데, 거기서 들은 이야기는 조금 놀라웠다. 아이는 네 살이 될 때까지 밖에 나와서 노는 일이 거의 없었다. 그 이유를 물었더니 "밖에서 놀면 아무래도 지저분한 것을 많이 만지게 되잖아요. 다른 아이들과 놀다 보면 다투는 일이 생겨서 아이를 혼낼 일도 생기고요. 교육적으로 좋을 게 없다고 생각했어요"라고 대답했다. 요지는 밖에 나가 놀다 보면 자칫 아이의 자율성과 창의성을 해칠 수 있다고 생각했다는 것이었다. 대신에 자신이 집에서 충분히 놀아주었고, 좋은 인성을 길러주기 위해 책도 많이 읽어주었다면서 아이에게 왜 이런 문제가 생긴 건지 모르겠다고 했다. 그 엄마는 아이의 자율성이나 창의성, 자신감에 대해 잘못 이해하고 있는 게 분명했다.

한계와 규칙이라는 울타리가 필요하다

자유와 한계를 어떻게 조율하느냐에 따라 아이의 자율성은 해칠 수도 있고, 반대로 잘 키워질 수도 있다. 발달심리학자인 바움린드는 수용과 거부, 확고함과 지나친 관대, 자율과 통제를 기준으로 부모의 양육방식을 세 가지로 구분했다. 독재적인 부모, 허용적인 부모, 권위 있는 부모가 그것이다.

바움린드에 의하면, 자식의 행복과 욕구 충족에 초점을 두고 무조건 원하는 대로 해주는 허용적인 부모는 일방적이고 엄격하며 통제적인 태도로 자녀를 키우는 독재적인 부모 못지않게 자녀의 성공적인 발달을 막는다. 지나치게 허용적인 부모 밑에서 자란 아이는 충동적이고 이기적이며 고집이 강하고 신경질적인 성향을 갖게 된다. 그가 가장 이상적인 양육방식으로 꼽은 '권위 있는 부모'는 자유와 한계를 조율할 줄 아는 부모이다. 아이의 의사를 존중하고 따라주지만 한계는 분명하게 정해주는 부모, 아이의 자유를 존중하지만 스스로를 규제하고 책임질 수 있도록 하는 부모가 이 양육방식에 속한다. 바움린드의 연구결과를 보더라도 어느 정도의 한계와 규칙 등을 만들어주는 부모의 권위는 아이의 올바른 성장에 꼭 필요하다.

권위 있는 부모가 되기 위해서는 먼저 분명하고 일관성 있는 태도를 보여야 한다. 특정 행동에 대한 반응이 상황과 때에 따라 달라지면 안 된다. 허용할 수 있는 선 안에서 아이의 자율성을 존중해주되, 그 선을 넘어섰을 때 아이에게 보이는 반응은 한결같아야 한다. 또한, 대화와 타협 등을 통해 아이가 공감할 수 있는 방식으로 자율성의 한계를 정해주어야 한다. 물론 부모 쪽에서 기준을 정해주어야 하는 규칙도 있다. 하지만 가능하면 아이가 자신이 지킬 수 있는 것은 무엇인지, 그것을 지키려면 어떻게 해야 하는지에 대해 함께 대화하고 타협하는 과정을 거치는 게 좋다.

마시멜로 실험과 권위에 복종하는 아이

아이들의 자제력과 이후의 성장 결과를 알아본 유명한 실험이 있다. 스탠퍼드 대학교의 심리학자 미셸 박사팀이 진행한 '마시멜로 실험'인데, 그 실험 결과를 통해 자제력이 인생에 미치는 영향에 대해 확인할 수 있다.

실험은 네 살 된 아이들 앞에 마시멜로가 담겨있는 그릇을 놓아주면서 "지금 먹으면 한 개만 먹을 수 있지만 선생님이 돌아올 때까지 먹지 않고 기다린다면 한 개를 더 주겠다"라고 조건을 제시하면서 시작되었다. 아이들의 반응은 예상대로 두 가지로 나뉘었다. 먹지 않고 기다리거나 참지 못하고 먹어버리거나.

그리고 15년 후 반응이 달랐던 아이들의 삶을 비교해보았는데, 당시의 실험에서 마시멜로를 먹지 않고 선생님을 기다렸던 아이들이 훨씬 더 성숙한 사람으로 성장했다는 결과가 나왔다. 중년 이후의 삶을 비교한 결과에서도 참고 기다렸던 아이들이 더 성공적인 인생을 살고 있는 것으로 나타났다. 마시멜로 실험과 유사한 다른 연구에서도 비슷한 결과가 나왔다.

실제 집 안에서도 부모와 아이 사이에 수많은 유사 마시멜로 실험이 매일매일 반복되고 있다.

"지금부터 1시간 동안 열심히 공부하면 게임시간 1시간을 줄게."

'그까짓 1시간 할 수 있지' 하는 표정으로 책상에 앉았던 아이는 10분을 채우지 못하고 온몸을 비틀기 시작한다. 어디 그뿐인가. 온갖 변명과 이유를 대면서 의자에서 일어선다.

"물 좀 마시려고."

"화장실 가려고."

"책 좀 가져갈게."

그런 아이의 모습을 보다 보면 엄마들은 한숨이 절로 나온다. '내 아이가 마시멜로 실험에 참여했다면 참지 못하고 먹었겠구나' 하는 생각에 절망하기도 한다.

이처럼 기다릴 수 있는 힘, 참는 힘을 만족지연능력이라고 한다. 아이의 만족지연능력을 키우겠다는 부모들이 손쉽게 꺼내드는 카드가 통제와 억압, 협박이다.

"지금부터 1시간 동안 꼼짝 말고 공부해. 엉덩이만 뗐단 봐라. 아주 혼날 줄 알아!"

그런데 마시멜로 실험에 하나의 의문을 던져보자. 마시멜로를 끝까지 먹지 않고 기다린 아이 가운데 정말 자제력이 뛰어나서가 아니라 권위에 복종해야 한다고 훈련된 아이가 있었다면 그 아이의 인생은 이후에 어떻게 되었을까? 참지 못하고 마시멜로를 먹은 자제력 없는 아이와, 참아냈지만 사실은 어쩔 수 없이 선생님의 권위에 복종한 아이 가운데 어떤 아이의 삶이 더 성공적이었을까?

실제 마시멜로 실험에서는 이런 내용에 대한 분석이 없어서 어떤 결과가 나올지는 알 수 없다. 하지만 나는 권위에 복종하는 아이보다 차라리 자제력 없는 아이가 더 나은 삶을 살았을 것이라고 생각한다. 자제력은 훈련을 통해 극복이 가능하다. 하지만 권위에 복종하는 것은 이미 내면화되어 있어서 아이 스스로 깨고 나오기가 힘들기 때문이다. 더구나 이런 상황에서 부모들은 아이가 만족지연능력을 갖춘 착한 아이라는 환상까지 가지고 있는 경우가 많다.

마시멜로 그릇의 뚜껑을 덮어라

그렇다면 아이에게 자율성을 바탕으로 한 만족지연능력을 키워주려면 어떤 도움을 주어야 할까? 다시 미셸 박사팀의 마시멜로 실험으로 돌아가 보자. 미셸 박사팀은 마시멜로를 먹지 않고 끝까지 참았던 아이들의 행동을 관찰하면서 한 가지 재미있는 사실을 발견했다. 자제력을 발휘했던 아이들이 마시멜로를 보지 않기 위해 눈을 가리거나 천장을 보는 등의 행동을 하는 것을 포착한 것이다.

그래서 다시 한 번 후속 실험이 진행되었다. 이번에는 마시멜로 그릇에 뚜껑을 덮었다. 결과는 성공적이었다. 아이들이 자제력을 발휘하는 시간이 두 배나 길어진 것이다. 뚜껑을 덮지 않았던 실험에서는 아이들이 기다리는 시간이 평균 6분 이하였던 데 비해 뚜껑을 덮었을 때는 11분 이상을 기다렸던 것이다.

하나의 실험을 더했는데, 만족지연능력을 발휘한 아이들이 스스로 혼잣말을 한다거나 노래를 부르는 등 재미있는 놀이를 했다는 점에서 착안한 것이었다. 아이들을 세 그룹으로 나누어서 첫 번째 그룹에게는 재미있는 일을 생각하라고 지시했고, 두 번째 그룹에게는 기다려서 받게 될 두 개의 마시멜로를 생각하라고 했고, 세 번째 그룹에게는 아무런 지시도 하지 않았다. 실험 결과, 첫 번째 그룹의 아이들은 마시멜로가 눈에 보이건 보이지 않건 큰 차이 없이 평균 13분 정도를 기다렸지만, 두 번째 그룹과 세 번째 그룹은 고전적인 마시멜로 실험과 비슷한 결과를 보였다.

이 실험은 만족지연능력에 대한 실험이지만, 자율성 면에서도 시사하는 바가 크다. 자율성과 방임, 타율이 무엇인지를 알려주는 것이다. 실험에서 뚜껑을 덮지 않은 마시멜로 그릇은 방임, 뚜껑을 덮은 마시멜로 그릇은 한계가 명확한 자율성에 비유할 수 있다. 마시멜로 그릇 앞에서 재미있는 생각을 해보라고 한 것은 아이에게 자율성을 부여하는 것이고, 기다린 후의 보상을 생각하게 한 것은 타율, 아무런 지시도 하지 않은 것은 방임이라 할 수 있다. 타율이나 방임보다 자율성의 힘이 더 크다는 것을 확인할 수 있다.

아리스토텔레스는 《니코마코스 윤리학》에서 "마땅히 그래야 할 때, 마땅히 그래야 할 일에 대해, 마땅히 그래야 할 목적을 위해서, 마땅히 그래야 할 방식의 품성을 갖는 것이 최선이며 탁월성이다"라고 했다. 이 말에 빗대어보면 진정한 자율성은 "마땅히 그래야 할 때, 마땅히 그래야 할 일에 대해, 마땅히 그래야 할 목적을 위해서, 마땅히 그래야 할 방식으로 자율을 부여해주는 것"이라고 할 수 있을 것이다.

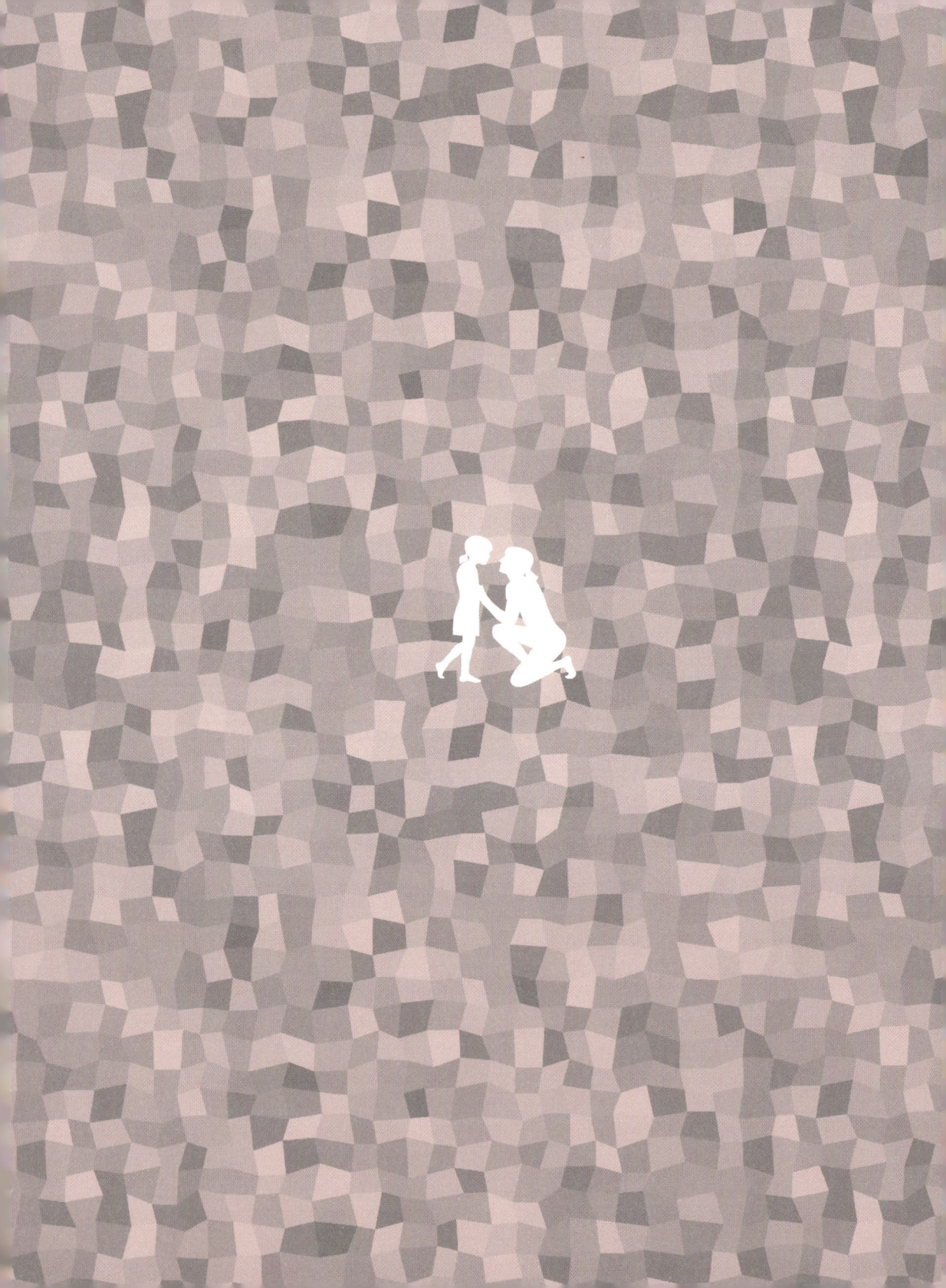

부모의 생각이 바뀌면 아이도 바뀐다

아이의 하늘인 부모가
믿어주지 않는데,
자신을 믿을 아이는 없다.

아이의
위험신호를
놓치지 마라

"할 수만 있다면 아이가 태어나던 때로 돌아가서 다시 기르고 싶어요."

언젠가 후배가 한 말이다.

"자녀교육서를 읽다 보면요, 내가 이것도 잘못한 것 같고 저것도 잘못한 것 같아서 애한테 너무 미안해져요. 부족한 엄마를 만나서 애가 잘못 큰 게 아닐까 싶다니까요. 지금 아이한테 보이는 문제들이 모두 내 탓인 것만 같아서 죄책감이 들 때가 많아요."

아이를 키우면서 이런 생각을 한 번도 해보지 않은 부모는 없을 것이다.

세상에 완벽한 부모는 없다. 게다가 완벽한 부모 밑에서 자란다고 아이가 완벽하게 성장하는 것도 아니다. 이상적인 부모 밑에서 자란 아이들도 나름의 트라우마를 가지고 성장한다. 아직 늦지 않았다. 후회하면서 발만 동동 구를 게 아니라 지금까지 아이를 키워오면서 미처 생각하지 못했거나 생각은 했지만 실천하지 못했던 것이 있다면 지금부터라도 노력해야 한다. 아이와의 관계를 점검해서 부족했던 돌봄은 채워주고, 부모로서 꼭 해줘야 할 역할을 놓친 게 있다면 지금부터라도 해주면 되는 것이다.

아이가 보내는 자율성의 위험신호들

자녀의 자율성을 키워주고 싶은 부모라면 먼저 관심을 가지고 아이를 관찰해야 한다. 무슨 일이 됐든 스스로 하겠다고 나서는 일이 있는지 없는지부터 살펴보자. 아이들은 사실 부모가 짜준 스케줄대로 움직이는 것만으로도 몹시 바쁘다. 그것을 소화하는 데도 하루해가 짧아, 스스로 뭔가를 하고 싶다거나 실천할 짬이 없다. 자신이 시키는 대로 아이가 잘 따른다고 안도하는 부모들이 많은데, 이런 경우 더 각별하게 살펴야 한다. 앞서 말했다시피, 자율성에 빨간 신호등이 켜진 것일 수 있기 때문이다.

또한, 뭔가를 선택하거나 결정해야 할 때 자신이 원하는 것을 말하지 못하고 부모의 얼굴만 바라보고 있는 아이도 위험하다. 이런 아이들은 스스로 뭔가를 결정해본 적이 없어서 자율성이 떨어진 것이다. 부모의 지시와 통제에 길들여졌을 가능성이 높다.

아이가 어려운 문제에 부딪혔을 때 쉽게 포기하는지도 잘 살펴야 한다. 자율성이 없는 아이의 특징 가운데 하나가 자존감의 부족이다. 자존감이 떨어지는 아이들은 어려운 문제에 맞닥뜨릴 때 '나는 해낼 수 없을 거야', '내가 어떻게 이런 걸 하겠어?'라고 생각하는 경향이 있다. 부모가 매번 아이의 자율성을 침해하는 것은 '나는 너를 믿을 수 없어'라는 메시지를 끊임없이 전달하는 것과 같다. 아이의 하늘인 부모가 믿어주지 않는데 어떻게 아이가 자신을 믿을 수 있겠는가? '아이는 부모가 믿어주는 만큼 자란다'는 사실을 명심하자.

뭔가를 성취하고도 부모에게 자랑하지 않는 아이도 살펴야 한다. 계속되는 자율성 침해로 자존감이 떨어져 있을 가능성이 높다. 아이들은 끊임없이 무언가를 만들고 성취하는데 그때마다 부모에게 자랑하고 으스댄다.

"엄마, 이것 봐! 잘 만들었지?"

"아빠, 저 잘했죠?"

이런 과정을 통해 아이들은 세상 살아가는 법을 배우고 깨우치고 성장해 간다. 하지만 어른들 눈에는 시시하고 하찮게 보이다 보니 시큰둥한 반응을 보이고, 심한 경우에는 "하라는 거나 잘해!"라고 상처를 주기도 한다. 이런 대접은 어른들 세계에서도 두고두고 상처로 남을 일이다.

특히, 부모가 뭔가를 제안했을 때 대답을 회피하거나 짜증을 내는 아이들이 있는데, 자율성이라는 기본적인 욕구를 억누르는 데 한계가 왔다는 신호일 수 있다. 집에서는 잘 노는 아이가 또래들과 잘 어울리지 못하는 경우라면 지나치게 허용적인 분위기에서 한계나 규칙 없이 키운 것은 아닌지 점검해봐야 한다.

이 몇 가지 특징 중에서 한두 가지가 아이에게 보인다면 성장과정에서 나타나는 일시적인 현상이거나 자율성을 쉽게 회복할 수 있는 단계이다. 하지만 해당하는 항목이 많다면, 아이를 재점검할 것이 아니라 부모 자신의 교육관과 양육태도부터 점검하고 개선해야 한다.

무능한 아이로 키우는 부모들

최근 놀라운 이야기를 들었다. 요즘 신혼부부들의 싸움은 부부간의 싸움이 아니라 사돈 간의 싸움이라는 것이다. 일단 싸움이 시작되면 신랑 신부가 각각 다른 방으로 들어가서는 자신의 엄마에게 전화를 건다. 각자 부부 싸움에 대한 코칭을 받은 후에 다시 거실에서 만나 2라운드를 벌이고, 또다시 방으로 들어가 2차 코칭을 받으면서 3라운드를 준비한다. 가정의 대소사를 결정할 때도 배우자에게 의견을 묻기 전에 자신의 부모에게 먼저 의견을 묻는단다. 그러니 가정불화가 잦아질 수밖에 없다. 소위 말하는 캥거루족들이 자라서 결혼생활을 하는 모습이다.

캥거루족으로 자란 젊은이들에게 문제가 있는 것일까, 그렇게 키운 캥거루족 부모에게 문제가 있는 것일까? 닭이 먼저냐, 달걀이 먼저냐는 문제는 정답이 없다지만, 이 문제의 정답은 분명하다. 나는 캥거루족으로 자란 젊은이들보다 그렇게 키운 부모들에게 더 큰 문제가 있다고 생각한다.

과거에 가정문제상담소의 주요 상담내용이 가부장적 문화로 벌어지는 일이었다면 요즘은 과잉보호를 받고 자란 젊은 부부의 갈등문제가 큰 비중을 차지한다고 한다. 젊은 부부들의 이런저런 이야기를 듣다 보면 온갖 살림살이들이 구비되어 있는 인형의 집이 떠오른다. 인형놀이를 위해 살림살이 세트를 구입하듯이 완벽한 신혼살림을 세팅해놓고, 각자의 아들딸을 그 공간에 데려다 놓고, "이렇게 살아라, 저렇게 살아라" 하는 모습이다. 일곱 살 아이가 인형에게 옷을 입혀서 주방놀이를 하는 것과 뭐가 얼마나 다른지 모르겠다.

대학생 아이의 수강신청을 대신해주고, 학점에 이의가 있을 때도 부모가 교수에게 전화한다는 이야기는 이미 몇 년 전 이야기이다. 최근에는 유학까지 다녀온 아들이 "엄마, 이제 결혼은 누구랑 할까요?"라고 물었다거나 연애 상대를 엄마가 정해준다는 이야기까지 들었다.

법륜 스님이 즉문즉설에서 부모들이 자식을 키우는 것이 아니라 애완동물을 키우고 있다고 성토한 적이 있다. 정말로 부모들이 애완동물을 넘어 자식을 데리고 인형놀이를 하고 있다는 느낌을 떨쳐버릴 수가 없다.

성인이 될 때까지 아이 스스로 결정해서 실천한 일이 거의 없다면 부모 입장에서 쉽게 맡길 수 없는 게 당연하다.

언젠가 인터넷에서 '악마들의 회의'라는 글을 보았다. 악마들이 모여 '사람을 무능하게 만드는 방법'에 대한 회의를 벌였다. 회의 결과 가장 좋은 방법은 '내일 하면 되지 뭐' 하는 미루는 마음을 만들어주는 것으로 결정되었다. 그런데 요즘 사회를 보면 악마들의 회의가 다시 벌어져서 이런 똑똑한 제안이 나온 게 아닐까 싶다.

"우리가 미래의 신성장 사업까지 구상하려면 새로운 방법을 찾아야 합니다. 저는 그 방법으로 부모들을 조종할 것을 추천합니다. '내가 다 해주자, 내 아이는 스스로 결정할 수 있는 게 아무것도 없다. 그래서 내가 결정하고 계획한 대로 따라 하도록 말 잘 듣는 아이로 키워야 한다. 그래야 아이가 잘 자랄 수 있다'라는 마음을 부모들에게 심어준다면 아이들은 무능하게 자라게 될 것입니다. 이것은 차세대 주역들까지 무능하게 만들 수 있는, 우리 악마들에게는 최고의 신성장 사업이 될 것입니다."

자율성을 키워주지 않는 부모는 아이를 무능하게 만드는 부모이다. 또한, 그것이 의도적이든 아니든 간에 결과적으로 아이의 미래까지 짓밟는 최악의 상황을 불러올 수 있다는 점에서 그 심각성은 더하다.

잠들어있는
아이의 자율성을
깨우는 방법

아이를 키우다 보면 아이에게 선택권을 주는 것이 말처럼 쉽지가 않다. 공부문제, 게임문제, 친구문제 등 아이에게 무조건 맡겨놓을 수는 없다고 생각되는 문제들이 많기 때문이다. 그래서 더더욱 일상생활의 작은 일에서 부터 선택권을 주고 훈련시킬 필요가 있다.

선택하는 훈련이 되어있지 않은 아이는 서너 가지의 선택지 가운데서 하나를 선택하는 것도 어려워한다. 처음에는 두 가지 중에서 하나를 선택하는 것부터 시작해보자. 아이의 행동 변화는 부모의 권위나 강압에 의한 선택이 아니라 스스로 결정했다고 믿을 때 더 빨리 일어난다.

"간식 먹고 나가서 놀래, 놀고 와서 간식 먹을래?"

"숙제를 먼저 할래, 일기를 먼저 쓸래?"

"엄마 좀 도와주렴. 수저를 놓을래, 냉장고에서 반찬을 꺼낼래?"

"그럼, 넌 뭘 하고 싶니?"

두 가지 중에 하나를 선택하는 기회만 줘도 스스로 선택했다는 만족감이 크게 높아진다. 아이에게 이런 선택을 제안할 수 있는 기회는 일상생활에서 수없이 많다. 물론, 엄마가 제안한 방법들 말고 제3의 선택을 하는 경우도 있다. 가령, 아이가 수저 놓기도 싫고, 냉장고에서 반찬 꺼내는 것도 싫다고 말할 수 있다. 그때는 하고 싶은 걸 물으면 된다. "그럼, 넌 뭘 하고 싶니?"라고 말이다.

아이들은 하나를 선택했다가 금세 다른 선택지에 눈을 돌리기도 한다. 자장면을 시켰는데 '짬뽕을 시킬 걸 그랬나?' 하고 후회하는 마음이 생기는 것과 같다. 따라서 부모에게는 아이가 이랬다저랬다 할 때도 허용해주는 여유가 필요하다.

아이가 못마땅한 행동을 자꾸 할 때 그것을 멈추는 방법으로 선택의 기회를 응용하는 것도 좋다. 현재 자신이 하고 있는 행동을 그대로 유지해서 결과를 책임질 것인지, 다른 행동으로 바꿀지를 결정할 수 있는 자유를 주는 것이다.

이때 주의할 점은 부모가 실천에 옮기지도 못할 제안을 해서는 안 된다는 것이다. 마트에서 뭔가를 사달라고 조르는 아이에게 "너 자꾸 이러면 엄마 혼자 가버릴 거야"라고 하거나 놀이터에서 계속 놀겠다는 아이에게 "그러면 너 집에 못 들어오게 할 거야"라고 말하는 경우가 그러한데, 이것들은 모두 협박에 속한다. 이처럼 실천에 옮기지 못할 말을 자꾸 하면 부모의 권위를 떨어뜨리게 되고, 나중에는 아이에게도 통하지 않는다.

딸이 일곱 살쯤의 일인데, 무슨 일 때문인지는 기억나지 않지만 아이와 힘겨루기를 하게 된 적이 있다. 그때 아이가 "엄마가 자꾸 그러면 나 집 나갈 거야!"라고 말하길래, 나는 '쪼그만 게……'라고 생각하며 "그러든지 말든지"라고 대답했다. 그랬더니 아이가 유치원 가방에 제 물건을 주섬주섬 챙겨서 주저없이 현관문을 열고 나가는 게 아닌가. '어머, 저것 보게! 나한테 선전포고를 하네. 그렇다면 나도 질 수 없지!' 하는 생각에 그냥 내버려두었다. '금세 돌아오겠지' 하는 생각이었다. 그런데 10분, 20분이 지나도 아이가 돌아오지 않았다.

불안하고 초조해진 나는 온 아파트 단지를 뛰어다니며 딸아이를 찾았다. 나가봤자 아파트 놀이터에나 있겠지 싶었는데 그곳에도 없었다. 온갖 불길한 생각에 울음보가 터지기 직전 "엄마!" 하는 소리가 들렸다. 울타리 너머 이웃 아파트 놀이터에서 아이가 손을 흔들고 있었다. 그때 이후로 나는 딸과 힘겨루기를 하지 않는다. 또, 내가 실천에 옮기지 못할 협박도 하지 않는다. 그래봤자 나만 손해라는 걸 깨달았기 때문이다.

"엄마 아빠가 무엇을 도와주면 좋겠니?"

미켈란젤로가 다비드 상을 조각하고 있을 때의 일이다. 한 소녀가 다가와 "왜 그렇게 돌을 깨고 있어요?"라고 물었다. 미켈란젤로는 "이 안에는 천사가 들어있단다. 나는 지금 천사를 깨워 자유롭게 해주려는 거란다"라고 대답했다. 미켈란젤로는 "조각은 조각가가 원하는 것을 만들어내는 게 아니라 불필요한 부분을 깎아냄으로써 처음부터 조각 재료 속에 들어있던 형상을 불러내는 작업이다"라고 했다.

아이를 키우는 부모도 조각가가 되어야 한다고 생각한다. 부모가 원하는 대로 아이를 만들어낼 것이 아니라 불필요한 부분을 깎아내줌으로써 처음부터 아이 속에 들어있던 본연의 모습을 불러내야 한다는 말이다. 이때 불필요한 부분을 깎아내는 가장 훌륭한 도구는 무엇일까? 바로 '질문'이다.

워싱턴 주립대학교의 스팬겐버그 교수는 행동의 변화를 이끌어내는 가장 좋은 방법으로 질문을 꼽았다. 운동을 결심한 사람들에게 "앞으로 두 달 동안 몇 번 운동할 겁니까?"라고 구체적으로 질문하고 답을 들었더니 행동 변화의 효과가 최고 6개월까지 지속되었다. 일방적으로 "두 달 동안 운동을 몇 번 하라"라고 지시한 경우보다 훨씬 강력한 효과가 나왔다. 이것을 두고 스팬겐버그 교수는 '질문행동 효과'라고 하였다.

"어떤 방향으로 나아가는 것이 좋을까?"

"그러기 위해서 무엇을 해야 할까? 어떻게 하면 좋을까?"

"우리 좀 더 구체적으로 이야기해볼까?"

"네가 그렇게 할 때 엄마 아빠는 무엇을 도와주면 좋겠니?"

아이에게 질문할 때 가장 조심해야 할 것은 절대 비판해서는 안 되고 의견을 존중해야 한다는 것이다. 대개의 부모들은 자녀가 아직 어리고 성숙하지 않다고 생각한다. 경험, 상황판단, 사고력의 확장 등을 생각했을 때 아이들이 어른보다 미숙한 것은 당연한 일이다. 그럼에도 불구하고 아이들은 부모가 가르치려 들면 한 발 뒤로 물러선다. 이것은 비단 아이들의 경우에만 그런 것은 아니다. 어른 아이 할 것 없이 비판을 받으면 방어적인 태도를 취하는 게 정상이다.

아이의 생각을 몰라도 묻고, 알아도 물어라. 부모가 정답이라고 생각하는 것이 있을 때일수록 더 많이 질문해야 한다. 단, 이때의 질문은 자녀의 생각을 전환시킬 수 있는 기회를 주는 방식이어야 한다. 또한, 아이가 생각의 전환이 자기 안에서 일어났다고 믿을 수 있도록 질문해야 한다. 그래야 아이가 가진 내면의 동기가 스스로 발화된다.

아이와의 협상에서 성공할 수 있는 가장 좋은 방법 역시 질문이다. 그런데 많은 부모들이 조급증 때문에 질문하는 것을 잊어버린다. 가령, 아이가 현실적으로 실현 불가능한 이야기를 한다고 하자. 이럴 때 즉각적으로 "그게 무슨 말도 안 되는 소리야?"라고 비난하는 반응을 보이면 안 된다. "왜 그렇게 생각하는데?", "다르게 생각해볼 수도 있지 않을까?" 식의 꼬리에 꼬리를 무는 질문으로 생각의 전환이 일어날 수 있도록 해야 한다.

물론, 아이에게 반드시 지시해야 하는 상황도 있다. 아이가 어릴수록 지시해야 할 때가 더 많은데, 커가면서는 지시보다 질문의 비율을 높여가야 한다. 그리고 질문에 대한 아이의 답변에 귀를 기울이고 존중해주어야 한다. 질문의 비율을 높여 나가는 만큼 아이의 자율성도 높아질 것이다. 지시는 사람을 수동적으로 만들지만, 올바르고 적절한 질문은 아이의 가능성을 높이고 동기를 불러일으킨다는 것을 기억하자.

미켈란젤로의 조각 이야기로 다시 돌아가자. 다비드 상을 조각한 돌덩이는 미켈란젤로에게 오기 전에 이미 여러 쟁쟁한 예술가들의 손을 거쳤다고 한다. 그러다가 드디어 미켈란젤로의 손을 거쳐 다비드 상이 세상에 태어난 것이다. 우리 아이도 마찬가지다. 사람이 가진 잠재력은 무궁무진하다. 인간의 잠재력은 90퍼센트의 무의식 속에 존재하고, 인간은 평생 자기 뇌의 10퍼센트도 쓰지 못하고 죽는다고 한다. 우리 부모들은 90퍼센트의 무의식 세계 속의 잠재력과 제대로 활용하지 못하고 있는 90퍼센트의 뇌에 존재하는 내 아이의 '다비드 상'을 찾아낼 의무가 있다. 그 방법이 바로 '질문'이다.

자율성의 욕구를 불러일으키는 3단계 기술

세상을 살다 보면 흥미있는 일보다 흥미없지만 꼭 해야 하는 일들이 더 많다. 흔히 하는 말로 자기 하고 싶은 것만 하면서 세상을 살 수는 없다.

아이들에게 있어 중요한 것은 알지만 흥미가 생기지 않아서 고민인 것 중에 최고는 다름 아닌 '공부'이다. 아이들에게 공부는 엄마들의 설거지나 커튼 빨래와 비슷하다고 볼 수 있다. 그래서 어떤 입시전문가는 공부를 "해야 하는 걸 알면서도 정말 하기 싫어서 버티고 버티다가, 막상 어쩔 수 없는 상황에 이르러서 실행하고 보면 별로 힘들지도 않고 마음도 개운해지는 일"이라고 표현했다.

공부가 중요하다는 것은 아이들도 잘 안다. 공부를 잘해서 좋은 성적을 받고 싶은 마음도 부모들 못지않다. 그럼에도 공부를 잘하기 위해서 해야 하는 노력이 무조건 싫은 것이다. 막상 꾹 참고 노력하다 보면 생각만큼 힘들지도 않고 마음이 개운해지는데도 마음먹고 실천하기가 쉽지 않다.

사람은 태어날 때부터 성장하고 발달하고 싶은 욕구와 활력을 가지고 있다. 씨앗이 싹을 틔우려는 본성을 가진 것과 같다. 그런데 씨앗이 싹을 틔우려면 적당한 물과 온도, 공기가 필요하듯이 아이들이 성장과 발달의 욕구와 활력을 싹틔우려면 자율성과 격려가 필요하다.

설거지가 가득 쌓여있는데 시어머니가 빨리 하라고 잔소리하면 더 하기 싫어진다. 그런 기분으로 설거지를 시작하면 다 끝내고 나서도 개운하기는 커녕 억울하고 분한 마음만 든다. 아이들도 마찬가지다. 공부를 포함해서 중요한 것을 알지만 흥미가 없는 일을 해야 할 때, 부모가 잔소리를 하면 더 하기 싫어진다. 어쩔 수 없이 하기는 해도 개운한 마음이 들지 않고 반항심만 생긴다.

이럴 때 가장 좋은 방법은 아이의 타고난 자율성에 대한 욕구를 최대한 충족시켜주는 것이다. '내가 스스로 결정했어', '결정권은 내게 있어'라는 자율성 욕구를 만개시키는 것이다.

이때 필요한 방법을 에드워드 데시 교수가 3단계로 제시했다. 1단계에서는 재미없는 과제를 왜 해야 하는지 이유를 설명해준다. 예를 들어, 레고를 가지고 논 다음에 바로 정리해놓지 않으면 조각을 잃어버릴 가능성이 높고, 잃어버리면 나중에 가지고 놀 수 없다고 설명하는 것이다.

2단계에서는 과제를 하기 싫다는 아이의 마음을 인정해준다. "다른 애들은 다 하는 공부인데 왜 너만 하기 싫어?", "레고 정리하는 게 뭐가 힘들다고 그걸 못하겠다는 거야?"라고 하지 말고, "공부하기 싫을 수도 있지", "가지고 놀고 바로 정리하는 게 귀찮을 수도 있겠지"라고 일단 인정하고 들어가는 것이다. 그러면 대화를 이어가기가 쉬워진다. 또한, 자기 마음을 공감받은 아이는 부모의 마음에도 공감해줄 가능성이 크다.

3단계에서는 명령이나 통제가 아니라 권유와 선택을 하게 해준다. 물론 권유와 선택을 통해서 아이를 움직이게 하려면 부단한 노력과 인내가 필요하다. 그러나 부모는 아이들의 자율성을 훼손시키지 않으면서 성장과 발달을 도와야 하는 역할과 의무를 가지고 있기 때문에 감수할 수밖에 달리 도리가 없다.

아이 스스로 해결할 기회 주기

자녀가 어떤 문제에 부딪치면 부모는 아이보다 더 심각해진다. 아이에게 최선의 환경을 만들어주고 싶고, 내 아이를 최고의 아이로 키우고 싶은 것이 부모의 마음이기 때문이다. 하지만 늘 아이 뒤를 졸졸 따라다니면서 문제를 해결해줄 수는 없다. 물론 부모가 개입하면 문제해결은 빨리 될 것이다. 그러나 장기적으로 보면 그것은 아이에게 해가 된다. 부모가 개입했을 때의 첫 번째 문제는 '너는 이 문제를 해결할 수 없어. 부모인 내가 나서야 해'라는 메시지를 아이에게 주는 것이고, 두 번째 문제는 일이 생길 때마다 아이가 부모에게 의존하게 된다는 점이다. 아이들은 스스로 문제를 해결하는 과정을 겪으면서 어떤 문제가 생기든 자기 안에 해결방법이 있다는 것을 배우게 된다. 아이에게 그 배움의 기회를 뺏어서는 안 된다.

딸을 키우면서 내가 선택한 방법은 '딱 반걸음 물러서 있기'였다. 아이가 스스로 문제를 해결해갈 수 있도록 지켜봐주되, 혼자서 해결하지 못해 도움을 요청해올 때는 언제든 그 옆으로 다가갈 수 있는 위치에 있겠다는 마음이었다.

딸아이가 시험공부라는 걸 시작하게 된 것은 초등학교 4학년 무렵이었다. 그때 나는 방법만 알려주고, 선택과 실천은 아이 스스로 알아서 하게 했다. 무슨 공부를 얼마나 했는지도 확인하지 않았다. 그저 아이를 믿고 기다렸다. 아이에게 문제가 생겨도 도움을 요청해오지 않는 이상 내 쪽에서 먼저 해결책을 제시하는 일도 없었다. 대견하게도 대부분은 아이 스스로 해결해나갔다. 어떤 일에 대해 피드백을 하고 그에 대한 대책을 수립할 때도 "어떻게 하면 좋을까?", "어떤 점이 부족했던 것 같니?"라고 아이의 의견을 물었다. 가끔 아이가 미처 생각하지 못하는 점이 보이면 질문으로 유도해서 사고의 폭을 넓혀주었다.

아이가 친구문제로 힘들어할 때도 마찬가지였다. 내가 알려준 것은 "문제가 있으면 답도 있단다"라는 말이 전부였다. 그때 아이에게 이런 말을 덧붙였다.

"도저히 너 혼자 힘으로 해결할 수 없다는 생각이 들면 언제든 엄마에게 손을 내밀어도 좋아. 엄마는 언제나 네 편이고, 늘 네 뒤에 서 있어. 알았지?"

어려서부터 그런 경험을 많이 해서일까? 아이는 이제 웬만한 문제 앞에서는 끄떡도 하지 않는 내공을 발휘한다.

자녀를 여럿 키우다 보면 아이들 문제가 종종 부모의 문제가 되는 경우가 있다.

"엄마, 동생이 자꾸 나를 방해해."

"엄마, 오빠가 내 머리 때렸어."

소란한 상황을 빨리 종료시키고 싶은 부모는 아이들 사이에 끼어들어 잘 잘못을 가려주는 경우가 많다. 하지만 참는 것이 좋다. 아무리 판정을 잘해도 어느 한쪽은 불공정하다고 느끼고, '엄마는 항상 동생 편이야' 혹은 '엄마는 늘 오빠 편이야' 하고 억울해하기 때문이다. 차라리 아이들 스스로 문제를 해결할 수 있는 기회를 주는 것이 현명하다. "둘이서 해결해보렴. 뭐가 문제인지, 어떻게 해결하면 좋은지 둘이 이야기해보면 좋겠구나"라고 말하면서 한 발 물러서는 것이다. 이런 경험을 통해 아이들은 갈등을 스스로 해결하는 방법을 배우게 되고, 자기 행동에 대해 스스로 반성하는 기회를 가지게 된다.

살다 보면 수많은 문제와 맞닥뜨린다. 그런 문제를 해결하면서 자기 앞에

놓인 문턱을 하나씩 넘어가는 것이 살아가는 과정이라고 생각한다. 어린아이들도 저마다 각 시기에 맞닥뜨리게 되는 문턱을 만나고, 그것을 넘어서야 성장해나갈 수 있다. 자녀의 문제를 필요 이상으로 해결해주는 부모의 행동은 결과적으로 아이의 자율성과 자립심, 책임감, 문제해결력을 빼앗는다.

심심한 시간 만들어주기

요즘은 서너 살 아이들도 스마트폰을 가지고 논다. 식구들이 거실에 앉아 있어도 각자 스마트폰을 만지작거리느라 거의 대화가 없다.

나 역시 인터넷 검색, 메일 전송, 메모, 심지어 간단한 원고 작업까지 스마트폰으로 가능하기 때문에 편리하게 사용한다. 그런데 뉴스 하나 검색하러 들어갔다가 다른 정보들에 빠져 한두 시간을 허비하는 경우가 많다. 대중교통을 이용할 때 습관적으로 책을 가방에 넣고 나가는데 스마트폰을 들여다보느라 아예 책을 꺼내지 않는 경우도 많아졌다.

딸아이도 학교 끝나고 집에 오면 스마트폰부터 집어 든다. 옷 갈아입는 것도 잊고 카카오톡을 한다. 그래서 스마트폰을 가지고 있는 아이들은 심심할 틈이 없다.

이런 아이들에게 부모는 자율성과 제한의 균형이라는 지혜를 발휘해야 한다. 가끔 아이가 스마트폰에 빠져있는 것 같을 때 나는 이렇게 말해준다.

"차라리 뒹굴뒹굴하렴. 스마트폰을 하고 싶어도 조금 참아봐. 그 시간에 공부하라는 얘기가 아니야. 스마트폰을 하는 것보다 아무것도 하지 않고 뒹굴뒹굴하는 것이 더 낫다는 얘기야."

그리고 스스로 스마트폰을 사용하는 시간을 정해놓고 사용할 수 있도록 이끈다. 친구들에게도 "나는 몇 시부터 몇 시까지만 스마트폰이 가능해"라고 말해놓으라고 슬쩍 일러준다.

나 또한 원고 작업이 잘 안 될 때는 빈둥거리는 습관이 있다. 가령, 충분히 자료를 읽고 이야기할 소재까지 마련해 놓았는데도 글을 어떻게 시작해야 할지, 중간에는 어떤 이야기로 끌어가야 할지 머릿속이 정리가 안 될 때가 있다. 그럴 때는 뒹굴뒹굴하는 방법을 사용한다. 창밖을 멍하니 바라보고 있거나 집 안을 하릴없이 왔다 갔다 하거나 소파에 누워 뒹굴거린다. 물론 머릿속에는 써야 할 주제가 끊임없이 맴돈다. 그러다 보면 어느 순간 '시작은 이렇게 해야겠구나', '중간에서는 이런 얘기를 하고 결론은 이렇게 내야겠다' 하고 일목요연하게 정리된다.

아이작 뉴턴의 위대한 업적은 1665년부터 1666년 사이에 싹튼 것이라고 한다. 영국에 흑사병이 유행하면서 학교가 폐교하자, 뉴턴은 그 기간 동안 고향에 내려가 있었다. 한적한 시골생활은 그에게 과학과 철학에 대해 사색할 수 있는 시간을 주었다. 사과가 떨어지는 모습에서 만유인력의 법칙을 발견한 것도 이 시기였다.

심심해야 자신이 무엇에 재미를 느끼는지 발견할 수 있고, 그것을 알아야 몰입도 가능하다. 또한, 몰입 경험이 많은 사람은 도전 앞에서 주저함이 없다.

아이에게도 심심한 시간을 주어라. 그 시간을 통해 아이는 자율성에 꼭 필요한 '깊이 생각하는 힘'을 길러나갈 수 있다. 심심한 가운데 아이는 '뭘 하면서 놀까?', '뭘 하면 재미있을까?'를 생각하게 되고, 그 속에서 자신이 무엇을 좋아하고 무엇을 잘 하는지도 깨닫게 된다.

아이에게 배우는 부모
VS.
지시만 하는 부모

"아이는 당신의 일부인가요, 독립된 존재인가요?"라는 질문을 받는다면 이성적으로야 "물론 독립된 존재지요"라고 대답할지 몰라도, 그것을 진심으로 인정하면서 실천하기란 쉽지 않다.

계명대학교 심리학과 손영화 교수는 한 신문칼럼에서 '한국인 행복의 토착심리'에 대해 거론했다. 한국인만의 독특한 특징을 밝혀낸 연구결과를 종합해봤을 때 서양인들과 비교해서 그들에겐 없고 우리나라 사람들에게만 있는 행복 요인이 있는데, 그것이 '자녀에 대한 신뢰'라는 것이었다. 부모가 자녀를 신뢰할수록 부모 자신의 효능감이 올라가고 행복에도 영향을 미친다는 것이다. 그리고 자녀에 대한 신뢰감을 좌우하는 것은 자녀의 학업에 대한 충실도와 부모에 대한 순종 등이라고 했다.

아이가 공부를 얼마나 잘하느냐, 아이가 내 말을 얼마나 잘 듣느냐에 따라 행복이 좌우되는 상황에서 자녀를 독립된 존재로 인정할 수 있을지 의문이 든다. 아이는 끊임없이 성장하는 존재이다. 아이는 외형뿐만 아니라 자기 존재를 확립시켜나가면서 무서운 속도로 내적 성장도 해간다. 그런데 부모들은 아이를 가르침의 대상으로만 생각한다. 자신이 아이를 통해 무언가를 배울 수 있다는 생각을 하지 못한다.

"자녀들에게 배운 점이 있다면 무엇입니까?"

《행복의 조건》은 1930년대 말에 하버드 대학교에 입학한 하버드 집단, 1925년과 1932년 사이에 태어난 미국의 빈민가 출신의 고등학교 중퇴자 집단, 루이스 터먼 교수의 천재아 연구에서 찾아낸 아이큐 150 이상의 뛰어난 지능을 지닌 여성 집단 등 세 집단의 인생을 추적 연구한 결과물을 바탕으로 쓴 종합보고서이다. 이 책을 쓴 하버드 대학교 의과대학 교수인 조지 베일런트는 연구 대상자들을 면접할 때마다 꼭 이런 질문을 던졌다고 한다.

"자녀들에게 배운 점이 있다면 무엇입니까?"

그러면 행복한 삶을 살고 있는 사람들은 대체로 들뜬 목소리로 자신의 자녀로부터 어떤 점을 배웠는지를 이야기하는데, 불행한 삶을 살고 있는 사람들은 난감해하거나 왜 그런 걸 묻느냐고 불평했다고 한다. 예를 들면, "아이들의 참신한 시각을 배웠어요. 아이들은 모든 사물을 새로운 시각에서 바라볼 줄 안답니다"라고 대답한 사람이 있었던 반면에, "그 애한테서 뭘 배울 수 있었겠어요?"라고 되묻는 사람도 있었다는 것이다.

당신도 자신에게 질문을 던져보라.

'내가 아이들에게 배운 점이 있다면 무엇일까?'

어떤 대답이 나오는가? 적어도 이런 대답을 내놓지 않기를 바란다.

"배울 게 뭐가 있겠어요? 날 가르쳐주는 건 고사하고, 내가 시키는 것이라도 좀 잘했으면 좋겠네요."

"어릴 때는 천사 같더니, 요즘은 원수가 따로 없어요. 자식은 전생에 진 빚을 받으러 온 빚쟁이라더니, 그 말이 맞는 것 같아요. 왜 이렇게 아이의 부족한 점만 눈에 들어오는지 모르겠어요."

부모와 아이 사이도 하나의 인간관계이다. 세상 그 어떤 인간관계보다 친밀하고 끈끈하며 서로의 인생에 가장 큰 영향을 미치는 관계이다. 모든 인간관계가 상호작용을 통해 성장 발전해가듯이, 자녀가 부모의 성장과 발전에 미치는 영향 또한 적지 않다.

결혼을 해야 어른이 된다는 말이 있는데, 옛말 그른 말이 없는 모양이다. 한 결혼정보회사에서 동갑인 37세의 기혼과 미혼의 다른 점을 알아보기 위해 설문조사를 시행했다. 그 결과 미혼여성은 기혼여성보다 예민하고, 미혼남성은 기혼남성보다 우유부단하다는 점이 1위를 차지했다. 그 이유로 꼽힌 1위는 '배우자와 자녀, 배우자 가족 등과 부대껴보지 않아서'였다.

부모도 성장해야 한다

성인이 되어도 성장은 멈추지 않는다. 그래서 심리학자 에릭 에릭슨은 영아기부터 청소년기를 5단계까지 나누고, 그 이후에도 6단계 청년기, 7단계 장년기, 8단계 노년기로 인간발달을 나누었다. 공자 역시 나이에 따른 인간의 성장을 지학(志學, 15세), 이립(而立, 30세), 불혹(不惑, 40세), 지명(知命, 50세), 이순(耳順, 60세), 종심(從心, 70세)이라 명명했다. 한 인간으로서의 성장도 멈추지 않지만 부모로서의 성장도 그렇다.

심리학자 갈린스키는 부부가 결혼해서 자녀를 출산하고, 그 자녀와 부대끼면서 부모도 성장하고 변화한다면서 부모의 발달을 6단계로 나누었다.

1단계는 이미지 형성기로, 결혼한 직후부터 아이가 태어나기 전까지의 시기이다. 어머니로서, 또 아버지로서의 자아정체감을 형성하는 시기이다.

2단계는 양육기로, 자녀가 만 2세가 될 때까지의 시기이다. 이미지 형성기를 거쳤다지만, 부모 역할을 연습과정 없이 시작했기 때문에 어려움을 많이 겪는다. 이때의 부모 역할은 안전한 환경을 제공하는 '보호', 애착과 기본적인 신뢰감이 제대로 형성될 수 있도록 돕는 '양육'이 중심이 된다.

3단계는 권위형성기로, 자녀가 만 2세에서 5세에 해당되는 시기이다. 자녀가 또래집단이나 부모가 아닌 다른 성인으로 사회적 관계를 확대해가는 시기이기 때문에 아이 행동에 한계를 설정하고, 아이가 자기행동에 책임을 지게 하는 '훈육'이 필요하다. 흔히 훈육이라고 하면 지적하고 바로잡는 것을 떠올리는데, 진정한 훈육은 올바른 품성과 도덕성을 갖추도록 '기르는 것'이다. 부모의 태도나 양육이 자율성에 지대한 영향을 미치는 시기이기 때문에 특히 중요하다. 훈육에 대한 올바른 이해가 선행되어야 아이의 자율성을 제대로 성장시킬 수 있다.

4단계는 설명하는 시기로, 초등학생 자녀를 둔 때에 해당된다. 호기심이 급속히 증가하고 관심의 폭도 넓어지는 아이들에게 부모는 다양하고 올바른 정보를 제공하고 세상과 사물의 이치를 설명해주는 설명자의 역할을 해야 한다.

5단계는 상호의존기로, 자녀가 청소년기에 접어드는 시기이다. 사춘기를 겪는 십대 자녀와 원만한 관계를 유지하기 위해서는 일방적인 권위가 아니라 부모와 자녀가 상대에게 서로 의존하며 조심스럽게 관계를 발전시켜나가야 한다.

마지막 6단계는 떠나보내는 시기로, 자녀가 부모의 보호와 돌봄에서 벗어나 혼자서 자율적인 생활을 할 수 있도록 도와야 한다. 한 강연에서 법륜 스님은 이 시기에 '냉정한 사랑'이 필요하다면서 스무 살이 넘으면 냉정하게 끊어주는 것이 부모의 진정한 사랑이라고 말했다.

당신은 지금 어느 단계쯤에 와 있는가? 그 단계에 맞는 부모의 역할을 수행할 수 있도록 제대로 성장해 있는가? 부모의 올바른 성장은 아이의 생각이나 의견을 인정해주고, 아이에게서 배울 점을 받아들이고, 아이의 장점을 인정하는 것에서부터 시작된다. 부모와 아이는 함께 자란다는 말이 있듯이, 아이는 끊임없이 성장하고 있는데 부모는 제자리걸음만 한다면 아이를 올바르게 양육하기 힘들다.

최고의 부모는 똑똑하지만 게으른 부모

직장인 스트레스의 주요 원인 중 하나가 직장 상사이다. 직장 상사에는 네 가지 유형이 있다는 우스갯소리가 있다. 멍청한 데다 게으른 상사, 멍청하지만 부지런한 상사, 똑똑하고 부지런한 상사, 똑똑하지만 게으른 상사가 그것이다.

이들 상사 가운데 가장 인기 없는 상사는 멍청하지만 부지런한 상사이다. 일의 방향과 핵심은 꿰뚫지 못하면서 부지런하기만 해서 쓸데없는 일까지 부하직원에게 시키고, 퇴근도 늦게 해서 부하직원을 눈치 보게 만드는 탓이다.

똑똑하고 부지런한 상사도 인기 없는 상사에 속한다. 일의 핵심을 꿰뚫어 보기 때문에 불필요한 일을 시키지는 않지만, 대신 부하직원의 일에 시시콜콜 관여하고 업무지시도 일일이 챙긴다. 이런 상사에게 최고의 부하직원은 말 잘 듣는 부하직원이다. 생각은 똑똑한 자신이 하면 되고, 부하직원은 자신이 지시한 대로만 하면 만사형통이기 때문이다. 따라서 부하직원은 자신의 역량을 발휘할 기회가 차단되기 쉽다.

가장 인기 있는 상사는 똑똑하지만 게으른 상사이다. 똑똑하지만 게으른 상사는 업무지시가 깔끔할 뿐만 아니라 일처리에서 부하직원에게 자율권을 부여하고, 부하직원과 의사소통이 필요한 순간을 정확히 판단해서 적절한 순간에만 개입한다. 부하직원 입장에서 이런 상사는 행운을 만난 격이다.

그렇다면 부모와 자녀와의 관계에 똑같은 유형을 대입해보자. 멍청한 데다 게으른 부모, 멍청하지만 부지런한 부모, 똑똑하고 부지런한 부모, 똑똑하지만 게으른 부모 중에서 가장 좋은 부모는 어떤 부모일까?

답은 '인기 있는 직장 상사'와 크게 다르지 않을 것이다. 똑똑하고 부지런한 부모는 자녀가 숨도 못 쉬게 통제할 가능성이 높다. 김두식 교수의 《불편해도 괜찮아》라는 책을 보면 부모 모두 명문 대학을 나온 아이의 이야기가 나온다. "우리 부모님 두 분 다 최고 명문 대학 나왔어"라고 말하자, 친구들이 "너 똥 밟았구나"라고 했다는 것이다. 물론 명문 대학을 나온 부모들이 모두 그런 것은 아니겠지만, 어쨌든 똑똑한 데다 부지런하기까지 한 부모가 아이들을 얼마나 갑갑하게 만들 수 있는지를 단적으로 보여주는 이야기이다.

물론, 자녀교육의 방향과 핵심을 제대로 잡기 위해서는 똑똑한 부모가 되어야 한다. 하지만 똑똑함을 발휘하는 영역은 딱 거기까지만이다.

"엄마가 얼마나 똑똑한지 볼래? 너보다 훨씬 똑똑하지? 그러니까 엄마 말대로 해!"

이런 태도를 취하는 부모는 똑똑한 부모라고 할 수 없다. 똑똑한 척하는 부모일 뿐이다.

자녀교육의 방향과 핵심을 제대로 잡은 부모라도 아이 일에 사사건건 간섭하고 소몰이하듯 이쪽으로 끌어당기고 저쪽으로 가라고 지시한다면 똑똑한지는 몰라도 쓸데없이 부지런해서 오히려 자녀를 망치는 부모이다.

'이렇게 해라. 저렇게 해라' 지시하는 부모가 아니라 뒷짐을 지고 자녀의 걸음걸이에 맞춰 걷는 부모가 되자. 자녀가 부모의 교육방향이나 핵심에서 크게 벗어나지 않는 한 간섭하지 말자. 아이가 스스로 경험하면서 실패를 극복하고 자율성의 근육을 키워나가도록 도와주는 부모가 바로 '똑똑하지만 게으른 부모'이다.

아이는
잔소리하는 대로
자란다

다른 사람의 시선에 구애받지 않고 자유롭게 살기가 쉽지 않다. '저 사람들이 나를 어떻게 생각할까?', '저 엄마가 내 아이를 어떻게 바라볼까?' 하는 생각에 발목 잡힐 때가 한두 번이 아니다. 그럴 때마다 애먼 아이를 잡게 된다.

"내가 창피해서 못 살아. 다른 엄마들이 널 어떻게 생각하겠니?"

"이 성적을 받고도 창피하지 않니? 친구들이랑 선생님이 바보라고 생각하면 어떡할래?"

솔직해져보자. 당신의 머릿속에 다른 사람들에게 비웃음을 당하는 아이가 아니라 손가락질당하는 당신의 이미지가 떠오른 것은 아닌지 말이다. 그렇다면 사실은 자신이 창피한 거면서 아이에게 '창피한 줄 알아'라고 말하는 셈이다. 따지고 보면 엄친아, 엄친딸도 이런 심리에서 나온 말이다.

"엄마 친구 아들은 어찌나 엄마 말을 잘 듣는지, 잔소리할 일이 없대."

"엄마 친구 딸은 공부도 잘하고 친구들에게 인기도 좋아서, 이번에 전교회장이 됐다더라."

그리고는 혼자 속앓이를 한다.

'내가 뭔가 뒷받침을 잘 못한 게 아닐까?'

'남들 하는 대로 해준다고 해줬는데 왜 우리 애는 이 모양이지? 머리가 나쁜가?'

'엄마의 정보력이 중요하다던데, 내가 너무 안이한가?'

교육지식보다 용기가 필요하다

그러다 보니 부모의 귀가 얇아진다. 이 사람 말을 들으면 이 말이 옳은 것 같고, 저 사람 말을 들으면 저 말이 옳은 것 같다. 내 아이가 가진 기질이나 특성, 강점을 생각해볼 틈도 없이 이리 휘둘리고 저리 휘둘린다. 사실 중요한 정보는 학원 정보, 과외 정보, 입시전략 정보, 다른 집 아이들의 실력에 대한 정보가 아니다. 그보다 훨씬 더 중요한 것은 내 아이에 대한 정확한 분석과 이를 바탕으로 한 전략 짜기인데, 그것들은 뒷전인 경우가 많다.

세상에 아이를 잘 키우는 법을 미리 다 연습하고 아이를 낳는 부모는 없다. 설령 교육학을 전공한 사람이라도 상황이 다르지 않다. 일반론인 교육학은 백이면 백 명의 부모가 다르고 천이면 천 명의 아이들이 다른 실전에서는 큰 힘을 발휘하지 못한다.

따라서 부모에게 필요한 것은 더 많은 교육지식이 아니라 용기이다. 다른 사람의 시선보다 내 아이를 먼저 챙기는 용기, 저만치 앞서가는 아이들 속에서 제자리걸음만 하고 있는 아이를 격려하며 함께 발걸음을 맞출 수 있는 용기, 부모 마음을 이해해주지 못하는 아이를 의연하게 대할 용기, 때로는 늦게 가는 것이 더 빨리 가는 지름길이 될 수 있다는 믿음을 가지고 지켜볼 수 있는 용기 등등.

더욱이 아이의 자율성을 키워주기 위해서는 더 많은 용기가 필요하다. 아이가 스스로 성장해갈 것이라고 믿는 게 생각만큼 쉽지 않기 때문이다. 영화 〈넘버3〉를 보면 "51퍼센트를 믿는다는 건 다 믿는다는 얘기야. 49퍼센트를 믿는다는 건 하나도 안 믿는다는 얘기고"라는 대사가 나온다. 아이에게 가져야 할 부모의 믿음도 마찬가지다. 아이들의 행동을 보고 있자면 사고력과 판단력, 예측력에 대해 믿음을 갖기 쉽지 않다. 그럼에도 불구하고 51퍼센트를 믿어주는 용기가 필요하다. 자신의 욕심을 접고 아이를 있는 그대로 바라볼 수 있는 용기를 발휘해야 한다.

아이를 키우면서 가장 조심해야 할 상대가 옆집 아줌마라는 말이 있다. 옆집 아줌마가 어느 학원이 좋다고 하면 꼭 그 학원에 보내야 할 것 같고,

어떤 교구세트가 좋다고 하면 그 교구세트를 사줘야 할 것 같은 조바심이 인다. 많은 우리나라 부모들은 옆집 아이는 하고 있는데, 내 아이는 안 시킬 수 있는 배짱을 부리지 못한다. 옆집 아이보다 내 아이가 뒤처지면 어쩌나 하는 불안감, 옆집 엄마보다 내가 엄마 노릇을 못하면 어쩌나 하는 불안감 때문이다. 이런 불안감은 주체적이지 못한 엄마를 만들고, 그런 엄마 밑에서 자라는 아이는 바람에 날리는 빈 비닐봉투처럼 허허롭게 떠돌아다니게 된다.

극단적으로 말하면, 엄마가 반드시 해야 할 일은 아이를 믿으면서 옆에서 지켜봐주는 것이다. 아이들은 사랑스런 눈길로 지켜만 봐줘도 제 스스로 잘 자라난다. 아이들을 믿어주자. 그러기 위해서는 부모가 용기를 내야 한다.

스트레스 관리를 잘하는 부모가 되어라

세상에서 가장 어려운 일이 자식 농사라는 말이 있듯이, 자식을 키우면서 받는 스트레스가 만만치 않다. 좋은 엄마 아빠가 되기 위해 알아야 할 것은 왜 이렇게 많은지, 돈은 또 얼마나 많이 드는지 한숨이 절로 나온다.

아빠는 아빠대로 가장으로서의 경제적 책무는 물론이고 아이들의 친구가 되어줘야 한다는 강박관념에 시달리고, 전업주부는 전업주부대로 아이들의 매니저 역할을 하지 않으면 맡은 바 책무를 다하지 않는 듯한 압박감에 시달린다. 워킹맘의 사정은 더욱 심각하다.

요즘은 자녀를 기르는 데 과거보다 더 많은 시간이 들어간다는 사실이 연구결과로도 밝혀졌다. 미국의 경우지만 1960년대와 2000년대의 자녀양육 시간을 비교했을 때, 2000년대의 어머니가 대략 20퍼센트의 시간을, 아버지는 두 배의 시간을 더 투자하는 것으로 조사되었다. 우리나라 역시 구체적인 연구결과가 없어서 그렇지, '엄마 매니저', '엄마 코치'라는 말이 유행할 정도이니 1960년대에 비해 훨씬 더 많은 시간을 투자하고 있을 게 틀림없다.

더구나 요즘 부모는 아이와 시간을 보내느라 배우자나 친구들, 가족들, 심지어 자기 자신까지 제대로 돌보지 못한다. 그렇게 아이들에게 매달리다 자녀가 모두 성장하고 나면 빈둥지증후군을 겪는 어머니들이 많다. 그만큼 많은 시간과 노력을 헌신하면서 산다는 것을 반증하는 사회적 현상이다.

그렇다면 자녀들은 부모가 자신들에게 더 많은 시간을 투자하는 것을 반길까? 심리학자인 엘런 갈린스키 박사는 이 질문을 중심으로 아이들에게 설문조사를 실시했다. 8세부터 18세까지의 어린이와 청소년 1,000명을 대상으로 '한 가지 소원이 있다면 무엇인가?'라고 물었더니, 의외의 답변이 나왔다. 부모와 더 많은 시간을 보내는 것이 좋기는 하지만, 부모가 스트레스를 덜 받고 덜 피곤해했으면 좋겠다고 대답한 것이다. 또한, 스트레스 관리에 대해서도 부모가 느끼는 것과 자녀가 느끼는 것에 큰 차이가 있었다. 부모는 자신이 스트레스를 나름대로 잘 다스리고 있다고 생각하는 반면, 아이들은 부모가 감정과 스트레스를 잘 다스리지 못하고 있다고 응답한 것이다.

많은 교육학자들이 자녀교육에서 일관성의 중요성을 강조한다. 비슷한 상황에서 비슷한 반응을 보여야 한다는 것이다. 하지만 스트레스가 극심한 상황에서는 이성적인 판단이 쉽지 않다. 가령, 아이가 식탁에서 밥을 먹다가 물컵을 떨어뜨려 깨졌다고 하자. 이때 부모의 스트레스 여부에 따라 반응이 달라진다. 스트레스를 받지 않은 상태라면 "안 다쳤니? 실수했구나. 앞으로 조심하자"라는 말로 상황이 끝날 것이다. 하지만 스트레스가 극심한 상태라면 "물컵을 식탁 안쪽으로 들여놓으랬지! 왜 매번 엄마를 이렇게 힘들게 하는 거야? 넌 왜 이렇게 조심성이 없니?"라고 아이를 윽박지르게 된다.

부모와 아이가 많은 시간을 함께 보내는 것은 분명 바람직한 일이다. 하지만 이때 단서가 하나 붙는다. 부모가 자신의 스트레스를 잘 관리하고 유지해야 한다는 것이다. 놀이를 하든지 무엇을 하든지 간에 양보다 질이 중요하듯이, 아이랑 시간을 보내면서 짜증으로 일관한다면 그 시간은 무의미해진다.

그런데 요즘 엄마들의 현실은 결코 녹록하지가 않다. 집안일은 기본이고 워킹맘이라면 바쁘게 출퇴근까지 해야 한다. 거기다 좋은 학원도 알아봐야 하고, 아이들 운전기사 노릇도 해야 하고, 혹시라도 아이가 가진 재능을 놓칠 새라 이 학원 저 학원을 쫓아다녀야 하고, 다른 엄마들을 만나 정보도 수집해야 하고, 아이들이 입고 먹고 씻을 때는 수족 노릇까지 해야 한다. 스트레스를 받지 않는 것이 오히려 이상할 정도로 해야 할 부모 노릇이 많은 게 현실이다.

이런 현실에서 마음의 여유가 있을 수 없다. 아이가 착해서 엄마가 하라는 대로 잘 따라 하는 엄친아, 엄친딸의 부모는 '내가 너무 아이를 타율적으로 키우는 게 아닐까?'를 고민하고, 남들만큼 시간이고 돈이고 아낌없이 투자하는데 아이가 기대만큼 따라주지 않는 부모는 "너를 위해 엄마 아빠가 지금 어떻게 살고 있는데 이 모양이야?"라며 감정을 폭발시킨다.

기억하기 바란다. 아이들은 부모와 더 많은 시간을 함께하고는 싶어하지만, 스트레스로 감정조절이 안 되는 부모라면 같이 있는 시간을 피하고 싶어한다는 것을 말이다. 지나치게 스트레스를 받고 있는 상황이라면 아이들을 위해서라도 자신의 스트레스 관리에 시간을 투자해야 할 것이다.

간섭할 시간에 아이의 긍정적인 미래를 꿈꿔라

오래전에 김용옥 교수의 어머니가 TV 프로그램에 출연한 적이 있다. 어떻게 김용옥 교수를 키우셨느냐는 질문에 백발의 어머니는 강보에 싸인 아기를 사랑스럽게 들여다보는 흉내를 내면서 "이 아이는 나중에 커서 무엇이 될까? 내가 어떻게 도와줘야 할까?"를 늘 생각했다고 말했다. 김용옥 교수도 최근에 한 프로그램에서 "다른 길로 빠지지 않도록 지금의 나를 만든 사람은 어머니"라고 고백했다.

부모가 되는 순간 모든 어머니가 김용옥 교수의 어머니와 같은 심정으로 자녀를 바라보고 기도한다. 그런데 아이가 자라서 걷고 말하기 시작하면 상황이 조금씩 달라진다. 아이 때문에 화가 나면 악담까지 서슴지 않는 경우까지 생긴다.

"넌 앞으로 커서 뭐가 되려고 이렇게 고집이 센 거니?"

"네가 커서 뭐가 될지 안 봐도 비디오다!"

이것도 예쁘다, 저것도 예쁘다며 칭찬하던 엄마가 어느 날부터 단점만 지적하기 시작한다.

"양치 좀 똑바로 해. 매사에 건성인 건 꼭 아빠를 닮았구나."

"엄마한테 거짓말을 하다니! 도대체 너 커서 뭐가 되려고 그래?"

"어쩌면 그렇게 엄마 말을 안 듣니?"

"성적이 왜 이 모양이야? 나중에 대학이나 들어갈 수 있겠어?"

'부모 말이 문서'라는 옛말이 있다. 부모가 말한 대로 아이의 미래가 이루어진다는 말이다. 그런데도 부모들은 아이의 미래에 치명적일 수 있는 부정적인 말의 씨앗을 마구 뿌려댄다. 자칫 잘못하면 말로 뿌린 그 씨앗들 중 하나가 무성한 나무로 자랄 수도 있다. 아이에게 말할 때 늘 조심해야 하는 이유가 거기에 있다.

'끌어당김의 법칙'이라는 것이 있다. 스테디셀러인 론다 번의 《시크릿》이 나온 후, 많은 사람들이 관심을 갖기 시작한 기술인데 심리학 분야에서는 이미 고전이 된 기술이다. 《끌어당김의 법칙》을 쓴 마이클 로지에는 "끌어당김의 법칙은 긍정적인 것이든 부정적인 것이든 당신이 주의와 에너지와 집중을 쏟는 대상을 자연스럽게 끌어당긴다"라고 말했다. 가령, 부모가 아이의 게으름에 집중하면 게으름을 더 끌어당기고, 공부하지 않는 것에 집중하면 공부를 더 하지 않게 된다는 법칙이다. 이 논리대로라면 잔소리를 하

친구들 사이에서 리더십을 발휘하는 아이로 자라기를 바란다면 구체적으로 리드하는 모습을 머릿속으로 그려보자. 한 발 더 나아가 아이가 이미 친구들 사이에서 리더십을 발휘하고 있다고 믿어보자. 실제로 현실에서 그런 모습을 보게 될 것이다. 공부 잘하는 아이의 모습을 그려보고, 실제로 그렇다고 믿어보자. 언젠가는 공부 잘하는 아이의 모습을 현실에서 보게 될 것이다.

나도 딸을 키우면서 '끌어당김의 법칙'을 자주 사용했다. 결과와 상관없이 또 다른 효과에 크게 놀랐다. 먼저 딸아이의 단점보다 밝은 미래가 그려지기 때문에 어떤 상황에서도 딸이 사랑스럽고 자랑스러워진다. 그리고 자신을 사랑하고 자랑스러워하는 부모의 기대에 어긋나지 않기 위해 늘 최선을 다하는 아이를 보게 된다. 이런 과정이 반복되다 보면 언젠가는 부모인 내가 그리는 모습으로 아이가 자랄 것이라고 믿고 있다.

어려서 스티브 잡스는 학교 공부에 도통 흥미가 없었다. 그의 양부모는 "네가 공부에 흥미가 없는 것은 내용만 달달 외우게 하는 학교의 책임이지 너의 책임이 아니란다"라고 말했다. 어렸을 때 빌 게이츠는 뭔가에 집중하면 시간 가는 줄 모르는 단점이 있었다. 그의 아버지는 주간식사 계획표 같은 것을 짜주면서 그것을 보완해주었다. 스티브 잡스의 양부모와 빌 게이츠의 아버지 역시 지금 눈앞에 보이는 아들의 모습이 아닌 훌륭하게 성장한 미래의 아들을 바라보았을 것이다. 그리고 먼 훗날 그 믿음대로 스티브 잡스와 빌 게이츠는 훌륭하게 자라주었다.

부모가 잔소리를 많이 하면 아이는 잔소리하는 대로 자란다. 부모가 믿음을 보여주면 아이는 그 믿음대로 자란다. 부모는 아이가 현재 보여주는 모습이 아니라 '어떻게 자랐으면 좋겠다'라고 기대하는 모습으로 바라보고 믿어주어야 한다. 그러면 아이는 부모가 기대하는 모습으로 자랄 것이다.

아이의 자율성을 키우는 부모의 원칙

시키는 일만 잘하도록
길들여진 아이는
시키는 일만 잘하면 되는 상황만 쫓아다닌다.

자존감이 높은 아이로 키워라

사람은 누구나 단점과 허물을 가지고 있다. 때로는 자신을 용서하는 것이 세상에서 가장 어려운 용서가 되는 것처럼, 스스로를 사랑하는 것이 세상에서 가장 어려운 일이 되기도 한다. '그래서'가 아니라 '그럼에도 불구하고' 자신을 받아들이고 사랑하는 것, 그래서 자신의 부정적인 부분까지 긍정적인 방향으로 발전시키고 스스로 가치 있는 사람이라고 받아들이는 것이 바로 자존감이다.

하버드 대학교의 조세핀 킴 교수는 자존감은 다른 이들의 사랑과 관심을 받을 만한 가치가 있는 사람이라는 자기가치self-worthiness와 자신에게 주어진 일을 잘 해낼 수 있다고 믿는 자신감confidence이라는 두 가지 요소로 이루어진다고 했다. 자존감이 높은 사람의 가장 큰 특징은 '자기인정'이다. 그래서 그들은 타인의 시선을 크게 의식하지 않고, 오직 자신의 판단과 자신에 대한 자기시선을 중요하게 생각한다.

수많은 연구결과에 따르면 자존감은 행동, 감정, 동기, 성취, 인간관계까지 인생 전반의 모든 영역에 영향을 미친다. 자존감이 높은 아이는 대체로 학업성적이 우수하고 친구도 많고 새로운 과제 앞에서도 도전정신을 가지고 과제에 임한다. 자신감이 충만하기 때문에 어려움 앞에서도 꿈을 잃지 않고, 당당하게 미래를 설계한다. 즉 자존감은 한 사람의 작은 행동과 마음 한 자락까지 좌지우지하는 힘인 셈이다.

반대로 자존감이 낮은 사람의 가장 큰 특징은 '타인의 인정'에 자신의 모든 것을 건다는 것이다. 그들은 주변에 누가 있느냐, 지금 어떤 상황이냐에 따라 자존감이 달라지고, 자석이 쇠를 끌어당기듯이 자신의 자존감에 해악을 끼치는 사람과 자존감을 낮추는 일들만 주위에 모여들게 만든다. 그 결과 그나마 미미하게 남아있던 자존감마저 사라지고 자신을 쓰레기장에 뒹구는 빈 봉지처럼 하찮게 취급하게 된다. 잘못된 집착은 파괴와 상처를 불러오기 마련이다. 타인의 인정에 집착하는 자존감 낮은 사람은 결국 파괴와 상처만 남게 된다.

"엄마는 언제나 네 편이야"

아이가 부모의 인정에 매달리는 상황도 마찬가지다. 지난 2012년 입에 담기도 끔찍한 패륜적 존속살인사건이 일어났다. 둘째아들이 부모를 살해한 사건인데, 그 원인을 파고들어갔더니 아들을 통해 자신의 꿈을 이루고 싶어했던 부모의 비정상적인 집착이 결정적인 문제였던 것으로 밝혀졌다. 둘째아들은 반에서 3등 안에 드는 수재였음에도 "그렇게 해서 서울대에 갈 수 있니?", "너처럼 모자란 자식은 필요 없다", "싹수가 노란 놈" 등의 폭언을 듣고, 부모로부터 늘 무시당했다. 우리나라 최고의 명문 사립대학에 합격했지만 서울대학교가 아니라는 이유로 실패한 자식 취급을 받았다. 범죄자의 심리를 분석하는 프로파일러 표창원 전 경찰대 교수는 이 사건의 가해자에 대해 "자존감이 낮고 자신감이 부족하며 학교와 군대에서도 집단 따돌림과 폭력의 희생양이 되었고, 결국 좌절감과 자기비하, 분노가 극단적으로 악화되었다"라고 분석했다.

아이들에게 가장 중요한 것은 '부모의 인정과 긍정'이다. 부모의 인정과 긍정을 충분히 받고 자란 아이들은 굳이 공들이지 않아도 저절로 자존감이 높아진다.

"늘 그 모양이니, 내가 널 믿고 뭘 맡길 수가 있겠니?"

"엄마 친구 아들 얘기 들으면서 뭐 느끼는 거 없어?"

"네가 하는 일이 다 그렇지."

"강아지를 데려다 키웠어도 너보다는 낫겠다."

낙인효과란 어떤 사람에게 부정적인 낙인을 찍으면 그 사람이 실제로 부정적으로 변해간다는 현상이다. 앞서 이야기한 '끌어당김의 법칙'과 비슷한 효과이다. 부모인 당신이 아이에게 부정적인 낙인을 찍는 순간, 낙인효과가 나타날 가능성은 굉장히 높아진다. 아이의 자존감 또한 바닥을 칠 수밖에 없다.

"그런 멋진 생각을 해내다니, 대단한데!"

"네 생각이 그렇다면 도전해봐. 엄마는 너의 선택을 믿어."

"엄마는 언제나 네 편이야."

"이 세상에서 네가 가장 소중하단다."

교육학이나 심리학에서 많이 쓰이는 자기충족적 예언이라는 말이 있다. 낙인효과와 반대되는 뜻인데, 상대방에 대한 믿음이나 기대, 예측이 상대에게 영향을 주어 결과적으로 그렇게 이루어지는 것을 가리킨다.

아이가 자기 인생의 당당한 주인이 되고 다른 사람들에게 사랑과 존경을 받는 인물이 되기를 원한다면 우선 부모부터 아이에게 긍정적인 태도를 취해야 한다. 아이의 자존감이 높아질 수 있도록 도와야 한다는 말이다. 부모에게 아이보다 소중한 존재는 없을 것이다. 다른 사람의 시선에 신경을 쓰기보다는 내 아이가 자신을 사랑하고 존중하면서 자기 미래를 결정하고 책임감 있게 행동할 수 있도록 자신감을 북돋워주어야 한다.

언제나 어떤 상황에서나 자존감이 하늘을 찌를 수는 없다. 그래서 파도를 타듯이 때로는 높았다가, 때로는 낮아진다. 지금 내 아이의 자존감이 낮은 것 같다면 지금부터라도 아이에게 긍정적인 반응을 충분히 해주자. 아이에게 가장 큰 영향을 미치는 사람이 부모이기 때문에 부모가 아이를 긍정해주면 아이도 자신을 긍정하게 된다.

몰입의 기본 조건은 자율성

아이작 뉴턴, 레오나르도 다빈치 같은 위대한 천재들을 보면 어느 한 분야에서만 뛰어난 것이 아니라 놀라울 정도로 다재다능하다. 뉴턴은 물리학자이자 수학자, 천문학자, 광학자, 자연철학자, 연금술사, 신학자였고, 다빈치는 천재적 미술가이자 과학자, 기술자, 사상가였다. 이처럼 다재다능한 사람들의 공통된 특징으로 '몰입'을 꼽는 사람들이 많다. 뉴턴은 젊은 시절에 약혼한 여성이 있었지만 연구와 일에 몰두하다가 결혼 시기를 놓쳐 평생을 독신으로 살았다. 다빈치는 작품에 몰두하면 밥 먹는 것을 잊어버릴 정도였다고 한다. 이처럼 시대에 한 획을 그었다는 사람들은 몰입이라는 정서를 특징으로 가지고 있는 것이다.

심리학에서 '몰입'이라는 개념을 처음으로 정립한 미하이 칙센트미하이는 몰입을 불러오는 세 가지 요건을 제시했다. 첫 번째는 적절한 대응을 요구하는 일련의 명확한 목표가 눈앞에 있어야 한다는 것이다. 많은 아이들이 컴퓨터게임을 할 때는 밥 먹는 것도 잊어버린다. 몇 시간을 컴퓨터 앞에 앉아있어도 마치 10분 전에 앉은 것 마냥 자세도 흐트러지지 않는다. 그 이유는 컴퓨터게임에는 그때그때 명확한 목표가 설정되기 때문이다. 하나의 목표를 이루고 나면 그 다음 목표가 바로 제시되어 몰입이 이루어지는 것이다. 게임의 이런 특성을 생활 속에서 응용할 수 있다면 몰입의 첫 번째 단계는 성공하게 된다.

두 번째는 피드백의 효과가 빨리 나타나야 한다는 것이다. 몰입은 작업이 순조롭게 이루어지고 있을 때 더 쉽게 이뤄진다. 따라서 자신의 작업이 원하는 대로 차근차근 이루어지고 있음을 빨리 확인시켜주면 몰입이 빨리 이뤄질 것이다.

세 번째는 쉽지는 않지만 그렇다고 아주 버겁지도 않은 과제를 극복할 때 몰입현상이 나타난다는 것이다. 과제가 너무 어려우면 불안과 두려움에 제풀에 꺾이기 쉽고, 너무 쉬우면 열심히 할 의지가 생기지 않는다. 따라서 조금 힘겨운 과제와 실력이 결합될 때 몰입이 이루어진다고 할 수 있다.

이 세 가지 요건을 정리하면 목표가 명확하고 활동 결과가 바로 나타나며 과제와 실력이 균형을 이룰 때 몰입에 이른다고 할 수 있다. 그런데 몰입의 세 가지 요건에는 반드시 전제조건이 따라붙는다. 바로 자율성이다. 몰입은 스스로 목표를 정하고 스스로 과제를 선택한 후 스스로 피드백까지 할 수 있을 때 더 잘 이루어진다. 하기 싫은 일을 억지로 하면서 몰입할 수 있는 사람은 거의 없다.

몇 년 전 유튜브에서 한국인 기타리스트가 화제가 된 적이 있다. 유튜브 조회 수 1억 건을 한국인 최초로 돌파한 데다 그 주인공이 열네 살밖에 되지 않아 더욱 시선을 끌었다. 천재 기타소년이라고 불린 정성하 군이 그 주인공이다. 열 살 때 처음 기타를 배우기 시작한 정성하 군은 기타를 배우기 시작한 지 일 년쯤 뒤부터 기타 연주 동영상을 유튜브에 올렸는데, 그의 연주를 본 제이슨 므라즈 등 세계적인 뮤지션들이 무대에서 함께 연주하고 싶다며 러브콜을 보냈을 정도였다.

정성하 군의 아버지는 인터뷰에서 "사실 성하보다 기타를 잘 치는 아이들이 더 많지요. 그럼에도 성하가 특별했던 이유는 2, 3일에 한 곡씩 꾸준히 동영상을 올렸기 때문이라고 생각해요"라고 말했다. 곡 하나를 올리기까지는 피나는 연습이 필요한데, 유튜브에 업로드한 동영상의 개수가 아이의 성실함과 열정을 그대로 보여줬다는 것이다.

기타를 배워보겠다고 했다가 며칠 만에 포기하는 사람들이 많다. 그만큼 손가락이 많이 아프다. 그래서 멋진 기타 연주를 선보일 정도의 실력을 갖추려면 손가락에 피가 날 만큼의 연습이 필요하다. 그래서 스스로 하겠다는 의지가 없으면 끝까지 배우기가 쉽지 않다. 그런 기타를 열 살 때부터 시작해서 끊임없이 연주 실력을 키워갈 수 있었던 힘은 자율적인 동기에서 발화된 몰입에서 나왔다고 할 수 있다. 스스로 기타에 흥미를 느끼고 좋은 연주를 하기 위해 한결같이 노력하고 세계무대에서 활동하는 기타리스트가 되겠다는 꿈을 키운 것이 몰입을 불러온 것이다. 불광불급(不狂不及)이라는 말이 있다. '미치지 않으면 미치지 못한다'는 말로, 열심히 하지 않으면 자기가 도달하고자 하는 곳에 도달하지 못한다는 뜻이다. 자율성은 이와 같이 광적으로 무언가에 빠져드는 몰입을 통해 결국 목표한 바를 성취하게 만드는 가장 강력한 힘이다.

최근에 나는 철학 공부에 깊이 빠져있다. 철학을 전공한 것도 아니고 누구의 도움을 받을 수 있는 상황도 아니다 보니 아리스토텔레스나 플라톤, 동양 고전 등을 읽다가 행간의 의미가 이해되지 않을 때가 한두 번이 아니다. 그럴 때마다 책 한 권을 만 번 이상 읽었다는 김득신의 일화를 떠올리며 읽고 또 읽고, 정리하고 또 정리하면서 읽기를 반복하고 있다. 그러다 보면 전화벨 소리나 아이가 하교해서 현관문 전자키를 누르는 소리도 듣지 못할 때가 가끔 있다. 완벽한 몰입에 빠져드는 것이다.

누군가가 금전적 보상을 제안하며 철학 공부를 하자고 했다면 이런 몰입을 경험할 수 없었을 것이다. 꼭 읽어야 한다는 강제성이 있었다거나 누군가에게 칭찬받기 위해서였더라도 마찬가지다. 오로지 나 스스로 자율적인 동기부여가 되었기 때문에 가능한 일이었다.

몰입의 경험은 또한 자율성을 더욱 강화시킨다. 몰입상태에서는 잡념이나 불필요한 감정이 끼어들 여지가 없다. 칙센트미하이는 "완전히 몰입하고 있을 때는 행복이나 기쁨의 감정조차 끼어들지 못한다"라고 했다. 그러다가 몰입에서 깨어나면 온몸을 휘감는 행복감을 느끼게 된다. 1시간이 1분처럼 흘러간 것에 대한 희열감, 자신의 몸과 마음을 아낌없이 사용해서 뭔가를 이루어냈다는 만족감, 나도 하면 된다는 자신감이 몰려오기 때문이다. 그런 경험을 한 후에는 또다시 그런 행복감을 맛보기 위해 스스로 몰입의 기회와 목표를 찾게 된다.

이쯤에서 "그럼, 게임에만 몰입하는 아이를 그냥 놔둬야 하나요?"라고 묻는 부모가 있을 수도 있겠다. 그렇지는 않다. 하지만 아이가 게임이나 노는 것 말고는 다른 것에 몰입할 기회를 주지 않았던 것은 아닌지 부모의 교육

스타일을 돌아볼 필요가 있다. 끊임없이 "이거 해라, 저거 해라"라고 간섭하는 부모 밑에서는 아이들이 도피처로 게임을 찾게 되는 경우가 있다.

　가능한 한 아이 스스로 몰입할 거리를 찾도록 놔두고 몰입하고 있을 때는 방해하지 않도록 조심해야 한다. '늦머리 트인다'는 말이 있다. 공부에 도통 관심이 없던 아이가 부모 속이 새카맣게 탈 지경에 이르렀을 때 공부를 시작해서 제 능력을 발휘하게 되는 경우에 하는 이야기이다. 평소에 이것저것 제 하고 싶은 일에 몰입한 경험이 있는 아이라야 늦머리가 트이는 일도 가능하다.

회복탄력성이
높은 아이로
키워라

  프랑스의 발달심리학 박사인 디디에 플뢰에 따르면 "회복탄력성이란 시련과 위기를 극복하고 더 나은 방향으로 성장하도록 하는 마음의 근육"이다. 그리고 회복탄력성이 높을수록 아이의 마음이 단단해지고 적극적으로 변한다. 디디에 플뢰는 어려움에도 쉽게 포기하는 아이, 무슨 일이 생기면 주변의 도움부터 청하는 아이, 자기 생각대로 되지 않으면 화를 내는 아이는 회복탄력성이 떨어지는 아이라며, 회복탄력성은 원래부터 타고나는 것이 아니라 연습이 필요하다고 주장했다.

또 회복탄력성이 높은 아이들의 특징으로 어른과 자신이 다르다는 것을 인정하고, 자신의 감정을 솔직하게 표현할 줄 알며, 자신을 사랑하고, 일상의 소소한 기쁨을 발견할 줄 알고, 자신감이 넘치며, 자신의 장점을 활용할 줄 알고, 독립적인 성향이 강한 것을 꼽았다. 그리고 다른 사람과 소통하고 공유하는 것을 즐기며, 다른 사람을 인정하면서도 당당히 자신의 의견을 주장할 줄 알고, 어른의 권한을 인정하고, 현실의 구속이나 제약도 기꺼이 받아들이며, 다소 유별난 아이들까지도 포용할 줄 아는 사회성을 갖고 있다고 보았다. 디디에 플뢰가 이야기하는 회복탄력성이 높은 아이는 부모라면 누구나 꿈꾸는 아이의 모습일 것이다.

그렇다면 아이의 회복탄력성을 키우는 부모가 되려면 어떻게 해야 할까?

아이가 서툰 것은 당연한 일이다

우선, '내 아이는 완벽해야 한다'는 강박관념에 사로잡혀 있는 부모는 아이의 회복탄력성을 떨어뜨린다. 이런 부모는 아이의 서툰 모습을 지켜보지 못한다. 그런 모습을 부끄러워하고, 주위의 시선에 신경을 쓰며, 스스로 상처받는다. 그러다가 다그치고 화를 내서 아이에게 상처를 입힌다.

"그거 하나도 제대로 못하니?"

"너 몇 살인데, 아직 그 모양이야?"

"넌 대체 누굴 닮아서 이러니?"

아이가 서툰 것은 당연한 것이다. 어떤 아이든 성장과정에서 실수를 하고 실패를 하게 되어있다. 그런데 부모가 이런 과정을 참아내지 못한다면 아이의 성장에 걸림돌이 되고 만다. 이런 부모는 아이의 자존감도 떨어뜨리지만 자신의 자존감도 바닥인 경우가 많다.

반대로 아이가 무슨 짓을 해도 "애들이 다 그렇지"라고 지나치게 너그러운 부모도 회복탄력성을 키우는 데 방해가 된다. 이런 부모 밑에서 자란 아이들은 다음과 같은 생각들을 하게 된다.

'내가 잘못해도 우리 엄마는 혼내지 않을 거야.'

'내가 하지 않으면 엄마가 대신해줄 거야.'

'예의가 없으면 어때? 엄마는 늘 내가 하고 싶은 대로 해도 된다고 했어.'

이런 아이들의 가장 큰 특징은 바로 나약함이다. 세상은 하루하루 더 복잡해지고 치열해지고 있어 지금의 아이들이 어른이 되었을 때는 어떤 일을 해야 하는지, 그러기 위해서 무엇을 준비해야 하는지 종잡을 수가 없다. 학교 성적과 대학 졸업장이 지금처럼 어느 정도의 힘을 발휘할 수 있을지, 무용지물의 종잇조각에 불과할지도 알 수 없는 일이다.

따라서 세 살 아이에게는 무언가를 배워서 남들보다 빨리 알아야 한다는 중압감을 줄 게 아니라 자율성을 키워주어야 하고, 초등학생이 된 아이에게는 100점짜리 성적표를 받아오라고 닦달하게 할 게 아니라 시련 앞에서도 오뚝이처럼 일어나는 도전정신과 마음의 근력을 길러줘야 한다. 단련된 마음의 근력은 기쁨, 희망, 행복, 즐거움뿐만 아니라 고통, 실패, 두려움, 슬픔 등의 시련 앞에서도 당당할 수 있는 회복탄력성의 바탕이 될 것이다.

주변 사람들을 잘 살펴보면 작은 역경에도 주저앉아서 상황만 탓하는 사람이 있고, 시련을 겪을 때마다 더 단단해지는 사람이 있다. 개구리가 더 멀리뛰기 위해 몸을 움츠리듯이, 회복탄력성이 높은 사람들은 시련을 통해 더 멀리 더 높이 뛰어오를 준비를 한다. 우리가 손꼽는 위인들의 인생을 떠올려보라. 그들은 험난한 시련과 위기를 겪으면서도 그것을 발판 삼아 뛰어오를 준비를 했고, 결국 시대를 구원하는 위인으로 거듭났다. 이런 위인들이 가진 가장 강력하고 탁월한 인성이 바로 회복탄력성이다.

자율성이 회복탄력성의 중요한 요소라면 회복탄력성은 자율성의 지렛대이다. 힘든 시련이 닥쳤을 때 '이 정도 시련쯤이야! 다시 한 번 도전해보는 거야!' 하고 희망을 노래하기 위해서는 자신에 대한 믿음이 있어야 하는데, 자신을 믿게 하는 힘의 원천이 바로 자율성이기 때문이다. 또한, 스스로의 결정을 믿고 그에 뒤따르는 시련과 위기를 헤쳐가기 위해서도 회복탄력성이라는 기초체력이 필요하다.

자율성이 있어야 리더십도 있다

학기 초가 되면 엄마들의 관심사가 학교와 각 반의 임원선거에 쏠린다. 내 아이가 임원이 되었으면 좋겠다는 엄마들이 얼마나 많은지 심한 경우는 한 반에서 서너 명만 빼고 모두 임원선거에 도전하는 일도 있다고 한다.

엄마들이 아이의 임원선거에 관심이 많은 이유는 리더십 때문이다. 내 아이가 사람들을 이끌어가는 리더로 자랐으면 하는 마음이 초등학교에서부터 선거광풍을 만들어내고 있는 것이다. 부모들의 이런 욕구를 간파한 사교육 시장에서는 방학 때마다 온갖 리더십캠프들을 개최한다. 그런데 진정한 리더십이 무엇일까를 생각해보면 리더십캠프나 스피치 특강반 같은 사교육이 효과가 있을지 의문이다.

미국 사회의 리더를 키워낸다는 하버드 대학교에서는 리더십에 대해 '도전적인 기회 속에서 비전을 명확히 세우고, 현실을 돌파해나가기 위해 조직과 사회를 동원하는 활동'이라고 정의한다. 어떤 문제가 발생했을 때 그 문제의 원인과 해결책을 생각하고, 상황에 따라 정확한 판단과 결단을 내릴 수 있는 능력은 '스스로 생각하는 힘과 판단력'에서 나온다. 또한, 도전적인 상황에서 목표를 명확하게 세울 수 있는 능력은 '스스로에 대한 믿음과 긍정'에서 나오고, 조직과 사회를 동원해 문제를 해결하고 목표를 이루는 능력은 '자신과 타인과의 관계를 원활하고 고무적으로 이끌어갈 수 있는 인성'이 바탕이다.

그런데 생각해보자. 과연 자율성 없는 사람이 기회가 주어진다고 비전을 명확하게 세울 수 있을까? 자율성 없는 사람이 현실을 돌파해나가기 위해 도전적으로 나설 수 있을까? 자율성 없는 사람이 조직과 사회를 동원하는 능력을 발휘할 수 있을까? 물론 자율성을 가진 사람이라고 해서 리더십이 저절로 길러지는 것은 아니다. 그러나 자율성이 없는 리더십은 있을 수 없다.

"네가 뭘 할 줄 안다고 그래? 엄마 말이나 잘 들어!"

이런 말을 듣고 자란 아이는 '그래, 난 아무것도 할 수 없어. 엄마 말을 잘 들어야 하듯이 친구 말이나 잘 들어야겠다'라고 생각하는 수동적인 아이로 변해간다.

"생각하고 했다는 것이 고작 이거야?"

이런 말을 반복해서 듣고 자란 아이는 자신이 하는 생각은 쓸모가 없다고 믿게 되어, 마땅히 스스로 해야 하는 생각과 결정마저도 남에게 떠맡기고 의존하는 습관을 갖게 된다. 어릴 때부터 부모 말을 잘 듣고 따라야 한다고 배웠으니, 어쩌면 당연한 결과이다. 집에서는 부모 말을 잘 듣고, 나가서는 다른 사람을 이끌어가는 리더로 자랐으면 하는 마음은 부모의 욕심에 지나지 않는다. 절대 그렇게 자랄 수는 없다.

특히, 2세부터 7세 시기의 아이들은 자신이 생각하고 계획한 것을 스스로 해봄으로써 주도성이 발달한다. 자신의 생각과 계획이 실제로 성공하는 경험을 통해 자신감을 얻게 되고, 아이들 속에서도 자신의 의견을 정확히 전달하고 그것을 전체의 뜻으로 확장시킬 수 있게 된다. 이 시기에 주도성과 자신감이 잘 형성된 아이는 이후 유치원이나 학교의 사회적 관계에서도 뛰어난 리더십을 발휘할 가능성이 높아진다.

집에서 자율성을 경험해보지 못하고 자란 아이는 밖에서도 스스로를 자율성 없는 상황으로 몰고 간다. 사람은 누구나 익숙한 것을 찾아가기 마련이다. 따라서 시키는 일만 잘하도록 길들여지고 익숙해진 아이들은 시키는 일만 잘하면 되는 상황을 쫓아다닌다. 그게 더 편안하기 때문이다.

친구들 속에서 리드당하는 아이가 아니라 리드하는 아이로 키우고 싶다면 리더십캠프나 임원선거로 내몰 것이 아니라 부모와 아이의 관계부터 살펴야 한다. 매사에 부모가 주도하고 결정해서 시키는 대로 따르도록 키운다면 리더십의 핵심인 자율성과 주도성을 키워줄 수가 없다.

긍정적 정서를
가진 아이로
키워라

　웃음에는 진짜 웃음과 가짜 웃음이 있다. 마음에서 우러나는 진짜 웃음은 웃을 때 양 입꼬리가 위로 올라가고 눈 주위와 광대뼈 부근의 근육이 움직이면서 눈꼬리에 잔주름이 잡힌다. 이런 현상에 대해 19세기의 신경학자 뒤셴은 "눈둘레근은 의지만으로 움직일 수 없다. 오직 진실한 감정, 즉 기분 좋은 감정에 의해서만 움직인다"라고 했다. 눈꼬리의 잔주름을 살펴보면 진짜 웃음과 가짜 웃음을 구별할 수 있다는 것이다.

　버클리 대학교의 켈트너와 파커 교수가 졸업사진을 보고 추적한 140여

명의 삶은 진짜 웃음이 성공적인 삶과 직결된다는 것을 보여준다. 진짜 웃음을 웃은 사람들이 외모와 상관없이 훨씬 더 행복한 결혼생활을 유지하고 있고, 더 건강했으며, 생존율도 높았고, 평균소득도 높은 것으로 밝혀졌기 때문이다. 또한, 미국 웨인 주립대학교의 어니스트 아벨 교수는 메이저리그 야구선수 230여 명을 찍은 사진을 대상으로 비슷한 연구를 진행했는데, 진지하게 카메라를 응시해서 사진을 찍은 그룹의 평균수명은 72.9세, 약간의 미소를 띤 그룹은 75세, 입꼬리와 눈꼬리까지 웃은 그룹의 평균수명은 79.9세였다. 진짜 웃음을 웃는 사람의 삶이 성공적인 이유는 웃음이야말로 긍정적인 에너지의 발현이기 때문이다.

행복과 불행은 당사자의 마음이 결정한다

20대 초반, 유명 사립여대 출신으로 유아심리상담사를 꿈꾸던 이지선 씨에게 갑작스런 불행이 찾아들었다. 교통사고를 당해 전신 55퍼센트에 3도 화상을 입은 것이다. 마흔 번이 넘는 대수술과 재활치료를 받았지만 이전의 외모를 되찾을 수 없었고, 화상당한 상처를 드러낸 채 살아야만 했다. 보통 사람이라면 좌절하지 않는 것이 오히려 이상할 상황이었지만, 그녀는 끊임없이 자신을 '긍정'했다. 한 TV 프로그램에 출연한 이지선 씨는 이렇게 말했다.

"나는 연예인과 공통점이 10개나 있었다. 식당에 들어가면 입에 넣으려던 밥숟가락도 내려놓고 나를 쳐다본다. 내 이름으로 팬 카페도 생겼다. 대중교통 이용도 어렵다. 성형수술 경험도 꽤 있다. 엄마라는 매니저도 있고, 나름 귀여운 얼굴이다. 이것이 내가 세상으로 나아가는 방법이었다. 이런 생각 덕분에 밖으로 나갈 수 있었다."

그녀는 피부이식 수술 탓에 모공이 없어 땀 배출이 안 되는 상황에서도 뉴욕마라톤대회와 서울마라톤대회에서 풀코스를 완주했고, 자신의 회복과정을 담은 책을 썼으며, 현재는 UCLA대학원 사회복지학 박사과정을 밟고 있다. 그녀의 삶은 긍정의 아이콘이라 할 만하다.

똑같은 상황이 벌어져도 누군가는 그 안에서 희망을 찾고, 누군가는 절망에 빠진다. 그렇게 보면 행복과 불행은 사건 자체가 아니라 사건을 바라보는 당사자의 마음이 결정한다고 볼 수 있다. '물이 반 잔이나 남았네'와 '물이 반 잔밖에 안 남았네'의 차이인 셈이다.

여러 연구결과를 거론하지 않더라도 우리는 긍정적 정서가 많은 사람일수록 현재의 삶에 만족감이 높고, 미래의 삶도 행복하다는 것을 알고 있다. 그렇다면 우리 아이들은 어떨까? 웃음, 활력, 희망, 열정, 황홀함, 평온함 같은 긍정적인 정서로 생기 있는 삶을 살아가고 있을까, 아니면 그 반대일까?

긍정적 정서는 성공을 부른다

최근 서울시교육청이 발표한 '연도별 청소년 자살 현황과 원인'을 보면 지난 5년간 서울에서만 125명이 넘는 학생이 스스로 목숨을 끊었다. 그 첫 번째 원인은 가정문제였다. 아이들의 주관적 행복감은 언제나 비교대상국 가운데 꼴찌를 도맡아 하고, 한 해 평균 서울에서만 20명이 넘는 아이들이 스스로 목숨을 끊는 현실에 대한 책임, 그 책임이 과연 사회와 학교에만 있는 것인지 생각해볼 필요가 있다.

그렇다면 마음의 건강이라 할 수 있는 긍정적 정서는 타고나는 것일까, 갈고 닦아야 하는 품성일까?

긍정 심리학의 대가인 마틴 셀리그만은 "긍정성은 타고나는 것이기도 하지만, 자신의 선택에 달린 문제이기도 하다"라고 말했다. 《긍정 심리학》에서 그는 행복공식을 'H=S+C+V'라고 소개했다. 여기서 H는 순간적인 행복을 넘어선 영속적인 행복을 가리키고, S는 부모에게 물려받은 긍정적 정서와 행복도, C는 행복에 영향을 미치는 외적환경, V는 개인이 스스로 긍정적 정서와 부정적 정서를 통제할 수 있는 자율성이다. 행복공식은 긍정적 정서와 부정적 정서를 스스로 통제하고 선택할 수 있는 자율성이 한 사람의 행복에 절대적 요소로 작용한다는 것을 말해준다. 다시 말하면 자율성이 높을수록 자기 마음속에서 일어나는 부정적 감정을 통제하고, 스스로 긍정적 감정을 선택하고 집중할 수 있으며, 긍정적 감정이 클수록 자신의 행복을 위해 중요한 것이 무엇인지를 스스로 선택해서 실천할 수 있다는 뜻이다. 긍정적 정서와 자율성은 서로에게 영향을 미치며 행복을 갉아먹기도 하고, 행복을 증진시키기도 하는 것이다.

"당장 방에 가서 공부하지 못해?"라는 엄마의 호통에 등 떠밀려 책상에 앉는 아이와 스스로 '이제 공부해야겠다'라고 생각해서 책상에 앉는 아이 중에 긍정적인 정서와 행복감이 큰 아이는 어느 쪽일까? "당장 컴퓨터 안 끄면 맞을 줄 알아!"라고 소리지르는 엄마 때문에 어쩔 수 없이 게임을 멈춘 아이와, 스스로 '오늘 게임은 이제 그만하자'라고 생각해 컴퓨터를 끈 아이 중에 긍정적인 정서와 행복감이 큰 아이는 어느 쪽일까? 당연히 스스로 책상에 앉은 아이와 스스로 컴퓨터를 끈 아이일 것이다. 자율성과 긍정적 정서는 이처럼 깊은 연관이 있다.

세상에 내 아이의 행복을 바라지 않는 부모는 없다. 내 아이가 활짝 웃는 모습이 보기 싫다고 할 부모도 없다. 그러므로 부모라면 누구나 마틴 셀리그만이 《긍정 심리학》에서 제시한 자녀양육의 세 가지 원칙을 기억할 필요가 있다.

첫 번째 원칙은 아이가 살아가면서 훗날 활용할 수 있는 지적, 사회적, 신체적 자산을 축적하고 확충할 수 있도록 긍정적 정서를 북돋워야 한다는 것이다. 긍정적 정서가 이 모든 것들의 근간이 되기 때문이다.

두 번째 원칙은 유아기에 자녀의 긍정적 정서를 증대시키면 연쇄적으로 긍정적 정서가 상승할 수 있다는 것이다. 긍정적 정서는 행복호르몬을 분비하기 때문에 그것을 경험한 아이들은 다시 행복감을 느끼기 위해 더 적극적으로 긍정적인 정서를 갖게 된다는 것이다.

세 번째 원칙은 자녀가 보여주는 긍정적 정서도 부정적 정서처럼 아이 본연의 특성이라는 것이다. 부모는 대체적으로 자녀가 가진 긍정적인 측면보다 부정적인 측면에 초점을 맞추는 경향이 있다. 그래서 아이가 가진 열

가지 장점은 보지 못하고 한 가지 단점에 집착해서 그것을 못 고쳐서 안달이다.

"우리 애는 속이 없는 애 같아요. 방금 전에 혼나고도 금세 헤헤거리면서 돌아다녀요. 나는 속이 상해 죽겠는데, 애가 그러고 다니면 화가 나서 참을 수가 없어요."

"우리 애는 성적이 엉망으로 나와도 아무렇지도 않아요. 옆집 애는 시험 성적이 떨어지면 울고불고 난리라던데, 애는 애당초 성취욕이 없는 걸까요?"

아이가 가진 긍정의 장점을 보지 못하고 오히려 그것을 부정적으로 바라보는 부모들이 하는 이야기들이다. 하지만 마틴 셀리그만은 긍정적인 정서도 부정적인 정서처럼 아이 본연의 특성으로 받아들여야 한다고 말한다.

이 세상에 예민한 아이, 까다로운 아이는 있어도 태생적으로 부정적 정서로 가득 찬 아이는 없다. 아이들은 태어날 때 '긍정 에너지' 자체로 태어난다. 심리학자들은 한결같이 긍정적 정서가 성공을 불러온다고 말한다. 긍정적 정서를 충분히 경험한 사람들은 사고작용과 창의성이 활발해지기 때문이다. 뛰어난 사고작용과 창의성은 곧 자율성의 바탕이 된다. 스스로 주도할 줄 알고 자율성이 높은 아이로 자라기를 바란다면 긍정적 정서를 발달시켜야 한다.

실패에
강한 아이로
키워라

우리나라는 실패에 몹시 인색하다. 미국의 실리콘밸리와 우리나라 벤처 기업의 차이는 '실패를 대하는 자세'에 있다고 얘기할 정도이다. 미국의 실리콘밸리는 성공의 산실이 아니라 실패의 산실이라고 불린다. 실리콘밸리에서 성공한 사람들은 평균 2.8회의 실패 경험을 가지고 있다는 조사결과가 있다. 이에 반해 우리나라는 그럴 기회가 거의 없다. 사업에 두어 번 실패했다고 하면 다들 "이제 관둬라. 사업은 무슨!"이라든가, "승승장구해도 투자를 할까 말까 할 판에 두 번이나 실패한 사람에게 어떻게 투자를 할 수 있습니까?"라고 말한다. 그래서 우리나라 사람들은 실패는 무조건 피해야 하는 것이고, 어쩔 수 없이 하는 실패라도 최소화하는 것이 최선이라고 생각한다.

이런 사고방식은 자녀교육에도 그대로 적용된다. 그래서 아이의 실패를 도저히 받아들이지 못하는 부모들이 많다. 자신의 실패보다 더 뼈아파하는 부모들은 자신이 밑거름이 되어서라도 아이가 승승장구하기를 바란다.

"이거 하나도 제대로 못해?"

그러다 보니 퍼즐 하나를 맞춰도 딱딱 잘 맞춰야 하고, 새로 산 레고도 뚝딱 완성시켜야 하고, 받아쓰기 시험도 무조건 백점을 맞아야 한다. 그러니 아이 혼자 하게 내버려둘 수가 없다. 부모가 옆에서 도와주고 연습을 시켜야 실패를 피할 수 있기 때문이다.

"그 조각은 여기에 들어가야지. 색깔만 봐도 거기가 아닌 걸 알겠네. 모양도 보고 색깔도 봐야지."

"설명서를 잘 봐. 순서대로 하나씩 끼우기만 하면 되는데 그게 헷갈려? 거기에는 이 조각을 끼워야지."

"받아쓰기에서 백점을 못 맞으면 어떡해? 다들 백점 맞는데 큰일이다. 오늘부터는 10번씩 더 써보게 할 테니까, 그리 알아."

부모의 끊임없는 간섭과 실패에 대한 부정적인 반응에 길들여진 아이들은 점점 더 자신감을 잃어가고, 새로운 것에 도전하는 것을 두려워하게 된다. 많은 사람들이 '실패는 자신감을 갉아먹는다'고 말하는 이유가 여기에 있다. 간혹 실패 경험이 자녀의 자신감을 꺾어놓을 것이라고 오해하는 부모들이 있다. 그래서 아이의 실패를 막으려고 하는 것이다. 그런데 정확하게 말하면 실패 경험이 아니라 실패를 대하는 부모들의 방식이 아이의 자신감을 꺾는다.

"이거 하나도 제대로 못해?"

"조금 전에 가르쳐줬는데 왜 몰라? 대체 학교 들어가서 어떻게 하려고 그래? 맨날 꼴등할 거야?"

이런 말들은 아이 마음에 실패에 대한 쐐기를 박는다. 다시 말해 '나는 잘하는 게 없어. 내가 하는 일이 다 그렇지'라는 부정적인 믿음을 심어주는 것이다. 자신감이란 어떤 일을 함에 있어 잘할 수 있을 것이라는 자기확신이다. 자기확신이 없는 아이의 마음속에는 실패에 대한 두려움만 남게 된다. 그리고 실패에 대한 두려움은 실제로 실패를 불러온다.

"괜찮아. 이 정도 가지고 기죽을 필요 없어."

"너 포기라는 말이 언제 쓰는 말인 줄 알아? 배추 셀 때 쓰는 말이야. 한 포기, 두 포기…… 알았지?"

"엄마는 열심히 노력한 네가 자랑스러워."

아이가 실패를 두려워한다면 부모는 치어리더가 되어야 한다. 팀이 지고 있을수록 치어리더들은 더 열심히 응원전을 펼친다. '기운 내요! 괜찮아요! 우리는 당신들을 믿어요!'라는 메시지를 보내는 것이다. 부모는 실패한 아이에게 그런 응원의 메시지를 보내주어야 한다.

실패는 성장의 기회를 준다

실패를 대하는 자세를 이야기할 때 흔히 에디슨을 거론한다. 에디슨이 전구를 만들기까지 전구 안의 필라멘트 실험은 3,000번을 넘게 하고 전구는 9,000번을 넘는 실험을 했다고 한다. 에디슨은 자신의 실패에 대해 이렇게 말했다.

"나에게 수천 번의 실험은 결코 실패가 아니었다. 단지 그렇게 해서는 전구가 만들어질 수 없다는 수천 가지의 사례를 발견한 것뿐이다."

젊어서 고생은 사서도 한다는 옛말을 응용해보면, 어린 시절에 사서라도 실패를 해야 한다. 그리고 그 실패를 통해 인생을 살아가는 수천 가지 방법을 배워야 한다.

미국의 미시간 주 앤아버에 있는 '뉴 프로덕트 웍스New Product Works'는 '실패 박물관'이라 불린다. 이곳에는 시장에서 실패의 고배를 마셨던 제품 7만 점이 전시돼 있는데, 이곳의 주 고객은 기업의 제품개발 담당자들이라고 한다. 그들이 이곳을 찾는 이유는 다른 기업의 실패를 곱씹으며 교훈을 찾기 위해서일 것이다.

일본의 '실패학'을 대표하는 하타무라 요타로 교수는 "실패에는 '필요한 실패'와 '있어서는 안 될 실패'가 있다"라고 말했다. 필요한 실패란 새로운 일에 도전할 때 필연적으로 겪게 되는 성장과정이고, 있어서는 안 될 실패란 이유를 알면서도 반복하는 실패를 가리킨다. 물리학자 보어는 전문가를 "아주 작은 영역에서 할 수 있는 모든 실수를 한 사람"이라고 말했다. 계속되는 실패 속에서 어떻게 하면 좋은지를 배워가는 것이 전문가라는 뜻이다. 부모는 아이가 필요한 실패를 많이 경험하도록 돕고, 계속되는 실패 속에서 어떻게 하면 좋은지를 배우도록 안내해야 할 것이다. 그래야 있어서는 안될 실패를 줄여나갈 수 있다.

아이가 스스로 성장해갈 수 있는 기회를 충분히 주자. 사실 아이들은 실패할 것을 두려워하지 않는다. 실패할까 두려워하는 것은 아이를 바라보는 부모이다. 아이는 실패하고 극복하는 과정을 통해 자기 인생의 주인으로 성장해갈 것이다.

실패를 극복하는 방법을 가르쳐라

세상에는 내 것인데도 내 마음대로 되지 않는 것들이 있다. 감정도 그 가운데 하나이다. 유학에서는 인간의 감정을 희노애락애오욕(喜怒哀樂愛惡欲, 기쁨, 분노, 슬픔, 즐거움, 사랑, 미움, 탐냄)이라 하고, 고서 《예기》에서는 즐거움이 빠지고 두려움을 넣어 희노애구애오욕(喜怒哀懼愛惡欲)이라 한다. 다윈은 《인간과 동물의 감정 표현에 대하여》에서 행복, 슬픔, 분노, 공포, 혐오, 놀람을 인간의 기본 감정이라 했다. 이와 같이 사람들이 느끼는 감정을 살펴보면 좋은 감정보다 나쁜 감정이 더 많다.

인간에게 이런 다양한 감정들이 있는 이유는 인간의 생존과 성장에 필요하기 때문이다. 인간은 두려움과 분노라는 두 가지 감정 반응에 의존해서 살아간다고 해도 과언이 아니다. 두려움은 위험한 상황을 미리 감지할 수 있도록 돕고, 분노는 자신에게 해를 가하는 두려운 상황에 대응할 힘을 주기 때문이다. 아이들에게도 마찬가지다. 두려움은 아이를 위험에서 벗어나게 하고 나쁜 행동이나 감정을 절제하는 힘이 되며, 분노는 부당함에 대항할 수 있는 힘이 된다. 문제는 두려움이나 분노 같은 부정적인 감정이 아니라 두려움과 분노를 제대로 조절하지 못해 파괴적인 방향으로 나아갈 때 발생한다.

우리는 슬픔, 미움, 탐냄 같은 감정들에도 끊임없이 부딪친다. 그 감정들은 아이의 생장점을 꺾는 게 아니라 오히려 아이를 성장시키는 힘이 된다. 도전을 통해 실패의 쓰라린 고통도 맛보고, 갖고 싶을 것을 갖지 못함으로써 세상 모든 것이 자기 뜻대로만 되는 것이 아님을 깨닫게 되며, 가족이나 친구, 이웃들과 부딪치면서 사랑과 기쁨, 즐거움과 함께 좌절과 슬픔, 미움도 알게 될 것이다. 부모가 할 일은 부정적인 감정을 느끼지 못하게 막을 것이 아니라 그것들을 극복하고 조절하는 방법을 가르치는 것이다. 그래야 아이가 성숙의 과정을 거치게 된다.

며칠 전 버스정류장에서 큰소리로 엉엉 우는 대여섯 살짜리 남자아이와 엄마를 보았다. 시장에 다녀오는 길인지 엄마의 양 손에는 크고 검은 비닐봉투가 들려 있었고, 피곤한 기색이 역력했다. 저러다 아이에게 불호령이 떨어지는 게 아닐까 싶어 자꾸만 흘끔거리게 되었다.

가볍게 한숨을 내쉰 엄마는 손에 들고 있던 봉투를 가로수 옆에 내려놓았다. 그리고는 무릎을 꿇고 앉더니 아이를 꼭 끌어안았다. 처음에는 "엄마, 미워! 싫어!" 하며 버둥대던 아이가 이내 얌전해졌다. 엄마는 아이가 울음이 다 멈출 때까지 품에 안고 등을 토닥토닥 해주었다. 그리고 부드럽게 이렇게 묻는 것이었다.

"엄마가 왜 안 사줬는지 알지?"

아이는 울먹거리면서 "어제도 장난감 샀으니까"라고 대답했다. 그리고는 언제 울었냐는 듯이 금세 명랑해져서 "엄마, 있잖아. 집에 가면……"이라고 재잘거렸다.

아이들은 어떤 상황이나 행동에 따르는 결과나 반응을 곧이곧대로 받아들이고 학습한다. 한 번 고집을 부리고 떼를 써서 뭔가를 얻어내면 다음에도 그 방법이 통할 것이라고 생각하고, 부모로부터 어떤 제약도 받지 않으면 세상 그 무엇도 자신을 제약하면 안 된다고 믿게 된다. 이런 부모와 양육 환경에서 자란 아이는 나약한 존재로 성장할 수밖에 없다. 알다시피, 우리 아이들이 살아가야 할 세상은 절대 호락호락한 곳이 아니다. 따라서 실패해도 다시 오뚝이처럼 일어날 수 있도록 강하게 키워야 한다.

앞서도 말했지만, 아이의 자율성을 키워줘야 한다는 말은 무한한 자유를 허용하라는 말이 아니다. 하고 싶은 것, 갖고 싶은 것은 무한대로 허용하면서 하기 싫은 것은 안 해도 된다고 해서는 안 된다. 특히 아이에게 제한할 필요가 있는 문제는 절대 양보하지 말아야 한다. 아이는 부모의 제한과 연기, 거절 등을 통해 자신의 감정을 다스리는 방법을 스스로 터득하고 성장해가기 때문이다.

아이의 말이나 요구를 무조건 들어주면 온실 속의 화초가 되고, 반대로 지나친 억압 속에서 자란 아이는 야산에서 막 자란 볼품없는 나무가 되고 만다. 행복, 즐거움, 기쁨, 사랑을 만끽하면서 자라게 하되, 부정적인 감정 또한 다스리게 해야 아이가 아름다운 거목으로 성장해갈 수 있다.

부모의 잘못된 욕심은
아이의 성장을 가로막는 방해물이 된다!

　　모난 돌이 정 맞는다는 속담이 있다. 우리 사회가 얼마나 튀는 것을 싫어
하는지를 알 수 있는 속담이다. 그런데 획일화는 여러 사회문제를 양산하는
원인이 되기도 한다. 획일화된 국가는 집단주의를 강요하고, 획일화된 미모
는 성형중독을 만들어내며, 획일화된 학문은 발전을 멈춘다.

　　이처럼 획일화가 얼마나 많은 문제를 일으키는지 잘 알고 있으면서도 부
모들은 아이에게 다른 점이 보이면 고민을 시작한다. "남의 집 애들은 고분
고분 말도 잘 듣던데, 우리 애는 왜 그렇게 고집이 셀까요?"라는 고민 역시
내 아이를 획일화의 거푸집에 끼워 넣지 못해 안달하는 부모의 모습이다.
내 아이의 독특한 성향이나 특징을 있는 그대로 받아들이면 고민할 일이 아
닌데 "왜 다른 애들과 다른 거야?"라며 문제를 삼기 때문에 문제가 되는 것

이다. 스티브 잡스나 마크 주커버그 같은 인물이 되기를 바라면서도 아이가 평범하지 않거나 남들과 달라 보인다고 고민하는 것은 아이러니라고밖에 볼 수 없다. 아이의 그런 다른 점이 내 아이의 성공열쇠가 될 수 있다고 왜 생각하지 못하는 지 안타깝다.

보석이 보석으로 인정받는 이유는 희소가치성 때문이다. 내 아이가 다른 아이들과 다른 점 역시 그렇게 받아들여야 한다. 그것을 인정할 때에야 비로소 올바른 부모–자식 관계가 시작될 수 있다.

최근에 '몸매불문 나 되기' 캠페인을 펼치는 블로거가 뉴스에 소개되었다. 이 블로거는 체중계 위에 올라선 여성에게 '살을 빼야 한다'라고 강조하는 광고판 위에 "당신의 무대는 체중계가 아닙니다. 세계입니다"라는 쪽지를 붙이고 다닌다고 했다. 나도 이 블로거의 캠페인을 본떠 이렇게 말하고 싶다.

"당신 자녀의 무대는 부모 품안이 아닙니다. 세계입니다."

아이에게 욕심을 부리지 않는 부모는 없다. 그러나 부모의 욕심이 잘못되면 기대만큼 따라오지 못하는 아이를 미워하고, 비난하고, 급기야는 못 키우겠다는 말까지 하게 만든다. 결국 부모의 잘못된 욕심은 멀쩡한 아이를 바보나 반항아로 만들고, 잘 성장해갈 아이의 성장판을 닫아버리는 최악의 사태를 불러올 수 있다. 부모의 역할은 자녀가 가지고 있는 '있는 그대로의 아름다움'을 발견해주는 데 있다. 그러면 아이는 스스로의 힘으로 더 큰 세계를 향해 나아가게 된다.

나비효과는 자녀교육에도 작용한다

아이를 키우는 부모라면 '누가 나에게 정답을 알려주었으면 좋겠다'라고 생각하지 않은 사람이 없을 것이다. "이렇게만 하면 당신의 아이는 정말로 훌륭하게 자랄 것입니다"라고 말해주는 사람이 있다면 아마 평생의 은인으로 삼고 싶을 것이다. 하지만 어떤 교육전문가도, 어떤 책도 내 아이에게 꼭 맞는 양육방법을 알려주지 못한다. 이 책 역시 마찬가지다. 단지 참고해서 내 아이에게 맞는 적합한 방법으로 응용할 수 있을 뿐이다. 내 아이를 가장 잘 아는 사람은 부모이기 때문이다.

아이를 키운다는 것은 철학에 가깝다.

'나는 왜 사는가?'

'내 아이는 왜 사는가?'

이 질문에 대한 나름의 답을 찾을 수 있다면 자녀교육은 한결 수월해질 것이다. 나아갈 길이 분명해지기 때문이다. 하지만 똑같은 질문도 아이가 처한 상황과 주어진 조건에 따라 그 답이 천차만별로 달라진다. 그래서 부모는 늘 조심스럽게 생각하고 고민하면서 자녀를 키워야 한다.

자율성에서 한 발 더 나아가면 위압과 권위, 강제가 되고, 한 발 뒤로 빠지면 방임이 된다. 그 중간 어디쯤에서 중용을 지켜야만 아이의 자율성이 활짝 꽃피울 수 있다.

또한, 부모는 자녀의 현재 모습만 보고 미래를 판단해서는 안 된다. 인간의 삶을 우주적 시간으로 따지면 찰나에 가까울 것이다. 하지만 그 짧은 시간 속에 광대무변하고 변화무쌍한 우주적 시간이 내재되어 있다. 다시 말하면, 어제까지 말썽만 부리던 아이가 갑자기 철이 들 수 있고, 뭐 하나 잘하는 것이 없어 보이던 아이가 어느 날 부쩍 성숙한 모습을 보일지 알 수 없는 일이다. 세상에 처음부터 완벽한 사람은 없다. 그리고 발전의 가능성은 누구나 똑같이 가지고 있다.

나비효과라는 말이 있다. 오늘 서울에서 나비가 살랑살랑 날갯짓 한 것이 몇 달 뒤 무시무시한 폭풍우가 되어 돌아올 수 있다는 뜻이다. 아이를 키우는 자녀교육도 다르지 않다. 아이와 주고받았던 부모의 상호작용 중에서 너무 하찮아서 신경도 쓰지 않았던 행동이 내 아이의 미래에 나비효과 같은 영향을 줄 수 있다. 이것이 바로 부모가 자신의 행동을 경계할 수밖에 없는 이유이다.

아이의 장점에 집중하라

부모는 대화를 나누고 있다고 생각하는데 아이는 잔소리라고 여기는 경우가 많다. 또한, 부모 입장에서는 도움을 주기 위해 이런저런 조언을 하는데 아이는 간섭으로 받아들이기도 한다. 인생에 도움이 될 얘기라고 생각해서 "엄마가 어릴 때는 말이야……"라고 말을 해주면 아이는 '또 고리타분한 이야기야'라고 생각한다. 부모와 자녀는 왜 이렇게 생각의 간극이 큰 것일까? 그것은 부모가 자녀를 고치거나 바꿔야 할 대상으로 생각하는 탓이 크다. 그러니 대화를 하다 보면 아이를 가르치려는 내용으로 흘러간다.

사람은 태어날 때부터 가지고 태어나는 성격이 있다. 심리학자들은 이 성격을 기준으로 성격유형을 분류한다. 가장 많이 알려진 MBTI 검사를 시차를 두고 여러 차례 받아보면 천성은 정말 변하지 않는다는 것을 알게 된다.

사람들의 천성에는 장점도 있고 단점도 있다. 그런데 유독 부모들은 자기 자식의 단점을 못마땅해한다. 그래서 장점은 원래 당연히 가지고 있어야 하는 것이고, 단점은 뜯어고쳐야 하는 것이라고 생각한다. 자식의 단점을 인정하지 못해 힘겨워하는 부모들도 많은데, 자신과 비슷한 단점을 보이면 더 크게 화를 내기도 한다.

하지만 단점은 뜯어고칠 수 있는 것이 아니다. 보완하고 약화시켜나갈 수 있을 뿐이다. 더군다나 외부에서 억지로 고칠 수 있는 것도 아니다. 주위 사람들을 보아도 그렇고, 아이를 키워봐도 그렇고, 심지어 나 자신을 찬찬히 들여다보아도 스스로 고쳐야겠다는 의지 없이는 단점을 약화시키거나 보완하는 것이 사실상 어렵다. 그러므로 단점에 신경 쓸 게 아니라 오히려 장점을 더 발전시키는 것이 현명하다. 장점을 최대치로 끌어올리면 단점은 자연스레 보완되고, 나아가 인생살이의 무기가 될 것이기 때문이다.

부모들은 대개 자식의 단점을 크게 부각시켜 바라보는 경향이 있다. 자식 걱정을 늘어놓는 엄마들 얘기를 듣고 있노라면 '참 멋진 아이인데, 엄마가 아이의 장점을 보지 못하는구나' 싶은 경우가 열에 일고여덟은 된다. 사회성이 좋은 아이는 친구들에게 너무 많은 시간을 빼앗겨 공부를 소홀히 한다고 걱정이고, 도덕성이 높은 아이는 저래서 험한 세상을 살아가겠느냐고 걱정이고, 자기주관이 뚜렷한 아이는 뭐든 순순히 따르는 법이 없다고 걱정한다.

아이를 어떻게 사랑하고 키울까?

칼릴 지브란의 《예언자》 가운데 '아이들에 대하여'라는 시가 있다.

그대의 아이는 그대의 아이가 아니다.

아이들이란 스스로를 그리워하는 큰 생명의 아들딸이니

그들은 그대를 거쳐서 왔을 뿐 그대로부터 온 것이 아니다.

또 그들이 그대와 함께 있을지라도 그대의 소유가 아닌 것을.

그대는 아이들에게 사랑을 줄 수는 있으나

그대의 생각까지 주려고 하지는 마라.

아이들에게는 아이들의 생각이 있으므로.

그대는 아이들에게 육신의 집은 줄 수 있으나

영혼의 집까지 주려고 하지 마라.

아이들의 영혼은 내일의 집에 살고 있으므로.

그대는 결코 찾아갈 수 없는, 꿈속에서조차 갈 수 없는 내일의 집에.

그대가 아이들과 같이 되려고 애쓰는 것은 좋으나,

아이들을 그대와 같이 만들려고 애쓰지는 마라.

큰 생명은 뒤로 물러가지 않으며, 결코 어제에 머무는 법이 없으므로.

시라는 것이 딱 제 경험만큼만 읽히는 법이어서 내가 자식의 입장이었을
때는 나를 위한 응원가처럼 들렸다. 내가 큰 생명의 아들딸이고, 어제가 아
니라 내일의 집에 사는 큰 생명이라는 사실에 가슴이 벅찼었다. 그런데 부
모가 되어 다시 읽고 보니 벅참보다는 나 자신을 다독이게 된다. 내 아이는

큰 생명의 아들딸이며 그렇기에 사랑은 줄 수 있어도 생각을 주어서는 안 된다는 것, 육신의 집은 줄 수 있으나 영혼의 집까지 주려 해서는 안 된다는 것, 아이를 나처럼 만들려고 해서는 안 된다는 것을 겸허히 받아들이게 된다. 또한, 어른이 된 우리 아이들이 내일의 집에서 누군가에 의해 조종되지 않고 스스로 선택하고 책임지는 자율적인 인간으로 살아나가기를 희망한다.

땅 속 깊숙이 뿌리내린 나무는 환경과 조건에 굴하지 않고 굳건하게 잘 자란다. 우리 아이들도 부모의 사랑과 믿음, 배려 속에서 자율성을 깊이 뿌리내린다면 자기 인생의 주인공으로 당당하게 성장해갈 것이다.